国家社会科学基金项目成果（编号：13CGL071）

企业群体性劳资冲突的嬗变机理与协调机制研究

王君玲　著

復旦大學出版社

前言

当前我国正处在社会转型、经济转轨的关键期，同时也是群体性劳资冲突的高发期和深层次矛盾的凸显期。近年来，由于群体性劳资冲突事件时有发生，因此，学者对群体性劳资冲突事件的影响因素、性质和特征进行了深入研究。然而，囿于有限的数据，对群体性劳资冲突嬗变机理与协调机制的研究十分有限。因此，针对以上不足，本书主要研究以下两个问题：第一，如何揭示群体性劳资冲突的嬗变机理？第二，如何构建群体性劳资冲突的协调机制？

为更好地分析上述问题，通过深度访谈，采用理论抽样和目的抽样的方法选取受访者，整理访谈录音。访谈对象分别来自企业、工会和政府等部门。企业方面，包括人力资源部专员、生产部经理、主任、工段长、班长、车间一线员工等；工会方面，包括工会主席、工会副主席、工会委员等；政府方面，包括人力资源和社会保障局局长、劳动关系科科长、劳动监察队队长、劳动人事争议仲裁院院长、群众工作部信访办专委等。此外，包括由网络获得的群体性劳资冲突事件相关资料以及调研期间所搜集的会议发言稿、企业管理制度、政府下发文件等二手资料作为研究分析对象的一部分。

在此基础上，采取扎根理论的研究方法，借助质性分析软件 Nvivo11 Plus，对群体性劳资冲突事件相关资料进行开放性编码、主轴编码和选择性编码。根据编码结果，构建了群体性劳资冲突酝酿阶段、发展阶段和平息阶段嬗变机理的理论模型。在厘清群体性劳资冲突嬗变机理的基础上，借鉴在苏州、六盘水等地调研的先进管理经验，构建了群体性劳资冲突不同阶段的协调机制。

研究更加深入和细化，详细分析了群体性劳资冲突每个阶段的嬗变机理与协调机制，主要结论如下：

第一，运用扎根理论的研究方法，提出群体性劳资冲突酝酿阶段的嬗变机理为 B－SPB 理论模型。该理论模型阐释为：在外部因素和内部因素的刺激下，受企业管理粗暴、工资待遇低等因素的影响，员工个体相对剥夺感上升，分散的员工个体不满上升为无意识的群体不满。随着员工之间非正式关系网络互动的加强，员工行为由个体分散的抱怨渐渐演变为初级无意识层面的共同抱怨。

第二，运用扎根理论的研究方法，提出群体性劳资冲突发展阶段的嬗变机理为 D－SPDB 理论模型。该理论模型阐释为：受导火索事件强烈情景刺激，在行动动员和舆论的推波助澜下，少数员工参与到群体性劳资冲突中，其他员工基于看热闹等不同动机聚集，受到感染，形成群体认同感，员工心理由有意识的群体不满逐渐演变为群体愤怒，为争取利益和借机宣泄，出于法不责众和匿名心理，员工参与人数迅速增加。员工间相互影响、暗示和感染，在情绪蔓延和连锁循环反应中，形成情绪与行为的结构性传导，群体行为手段升级。

第三，运用扎根理论的研究方法，提出群体性劳资冲突平息阶段的嬗变机理为 F-SPDB 理论模型。该理论模型阐释为：在政府层面、企业层面和工会层面刺激因素的作用下，员工受风险预期、承受压力、部分诉求得到满足等因素的影响，相信政府会妥善解决，少数人复工，在政府、企业、工会等各方的劝说下，多数员工复工，群体性劳资冲突渐渐平息。

第四，借鉴在苏州、六盘水等地调研的先进管理经验，构建了群体性劳资冲突三个阶段的协调机制。在厘清酝酿阶段嬗变机理的基础上，构建了群体性劳资冲突酝酿阶段的 B-SPB 协调机制；在厘清发展阶段嬗变机理的基础上，构建了群体性劳资冲突发展阶段的 D-SPDB 协调机制；在厘清平息阶段嬗变机理的基础上，构建了群体性劳资冲突平息阶段的 F-SPDB 协调机制。

主要创新点包括：

(1) 理论创新

针对以往文献侧重于静态分析，对内在机制缺乏系统性探讨的不足，本研究遵循"刺激因素→员工心理变化→行为决策因素→员工行为"的理论逻辑，分阶段系统动态地构建了群体性劳资冲突嬗变机理的理论模型，分别是酝酿阶段的 B-SPB 模型、发展阶段的 D-SPDB 模型、平息阶段的 F-SPDB 模型。尽管已有部分文献关注了群体性劳资冲突是如何产生的，但是分阶段研究群体性劳资冲突嬗变机理的文献十分缺乏。针对以上分析盲点，本课题遵循"刺激因素→员工心理变化→行为决策因素→员工行为"的理论逻辑揭示群体性劳资冲突各阶段的嬗变机理，系统地把四者联系起来进行探讨，这为研究群体性劳资冲突嬗变机理提供了一个新的解释视角，也为减少企业群体性劳资冲突的发生提供了一个新的理论依据。

(2) 实践创新

针对以往协调机制研究的不足，本课题分阶段构建了群体性劳资冲突协调机制，提出了酝酿阶段的 B-SPB 协调机制、发展阶段的 D-SPDB 协调机制、平息阶段的 F-SPDB 协调机制，这三个协调机制对企业、工会和政府有效应对群体性劳资冲突有着重要的启示。已有研究发现，国内学者主要从企业、政府以及工会三个层面研究群体性劳资冲突的协调机制，但是对分阶段构建群体性劳资冲突协调机制的研究缺乏探讨。鉴于此，本研究根据针对"刺激因素→员工心理变化→行为决策因素→员工行为"这一动态过程所应采取的措施，构建群体性劳资冲突酝酿、发展和平息三个阶段的协调机制，为透视群体性劳资冲突协调机制这个"黑箱"提供了一个新的研究方向，也为国内企业有效应对群体性劳资冲突，提供了有力支持和借鉴。

(3) 将扎根理论研究方法应用到群体性劳资冲突嬗变机理研究中

运用扎根理论的研究方法，弥补了一般定性研究缺乏规范的方法论支持、研究过程难以追溯和检验造成的不足。目前，已有文献表明，学者主要运用文献分析法、案例研究等方法分析群体性劳资冲突演变机理，然而，这些研究方法难以全面揭示群体性劳资冲突的复杂演变过程。而扎根理论的方法有助于更加全面系统地分析此复杂过程，遗憾的是，囿于该研究方法的复杂性及资料难以获得，目前学术界在此领域应用该方法的研究较少。鉴于此，本研究采用扎根理论的方法，进行了研究方法的新探索，推进了该领域的研究。

(4) 用 CiteSpace 知识图谱文献计量法进行国内群体性劳资冲突文献综述

文献综述方面，运用 CiteSpace 知识图谱的文献计量法进行国内群体性劳资冲突文献综述。用可视化知识图谱展现出国内群体性劳资冲突研究的时间和空间分布特征以及演进脉络，通过分析知识图谱，发现可能存在的研究不足，进而指出群体性劳资冲突的研究前沿。

目录

第一章　导论 ··· 1
　　第一节　研究背景与意义 ··· 2
　　第二节　研究目标 ··· 3
　　第三节　研究内容与各章节逻辑架构 ······························ 5
　　第四节　研究方法 ··· 10
　　第五节　可能的创新之处 ··· 12
　　第六节　资料搜集与数据来源 ··· 14
　　第七节　可靠性与可行性 ··· 17
　　第八节　成果价值 ··· 19

第二章　群体性劳资冲突的文献综述 ··································· 21
　　第一节　群体性劳资冲突相关理论分析 ·························· 22
　　第二节　国外综述 ··· 30
　　第三节　国内综述：基于 CiteSpace 知识图谱的文献
　　　　　　计量分析 ··· 38

第四节　评价 ································ 59

第三章　群体性劳资冲突酝酿阶段的嬗变机理 ············ 65
　　第一节　研究目的和设计 ························ 68
　　第二节　研究过程 ···························· 71
　　第三节　研究结果与讨论 ························ 95

第四章　群体性劳资冲突发展阶段的嬗变机理 ············ 103
　　第一节　研究目的和设计 ························ 106
　　第二节　研究过程 ···························· 109
　　第三节　研究结果与讨论 ························ 139

第五章　群体性劳资冲突平息阶段的嬗变机理 ············ 149
　　第一节　研究目的和设计 ························ 152
　　第二节　研究过程 ···························· 155
　　第三节　研究结果与讨论 ························ 179

第六章　群体性劳资冲突协调机制的构建 ··············· 189
　　第一节　群体性劳资冲突酝酿阶段协调机制的构建
　　　　　　····································· 190
　　第二节　群体性劳资冲突发展阶段协调机制的构建
　　　　　　····································· 225
　　第三节　群体性劳资冲突平息阶段协调机制的构建
　　　　　　····································· 238

第七章 结语 ………………………………………… 249
  第一节 研究结论 ……………………………… 250
  第二节 理论贡献与实践启示 ………………… 253

附录 部分访谈记录 …………………………………… 257

主要参考文献 …………………………………………… 274

后记 ……………………………………………………… 282

第一章
导 论

第一节　研究背景与意义

一、研究背景

伴随着我国步入经济转型的关键期，群体性劳资冲突正成为我国劳动关系中的突出问题，特别是近年来由劳资矛盾引发的群体性劳资冲突事件频率在加快、规模在升级，引起广泛关注。频繁发生的群体性劳资冲突，既发生在南方地区，也发生在北方地区，因而成为政府和企业高度关注的热点和难点问题。群体性劳资冲突对经济发展和社会稳定有着重要的影响。探究化解群体性劳资冲突的方法，揭示群体性劳资冲突的嬗变机理和构建群体性劳资冲突协调机制，已成为我国面临的紧迫课题。

二、研究意义

研究企业群体性劳资冲突的嬗变机理与协调机制，努力化解劳动关系矛盾，构建和谐劳动关系，是建设社会主义和谐社会的重要基础，是营造和谐劳动关系氛围和促进社会稳定的客观要求，有着重要的理论意义和实践意义。

1. 理论意义

根据本土化情境，采用规范的研究方法，构建企业群体性劳资冲突嬗变机理的理论模型，有助于为中国群体性劳资冲突的研究提供理论依据和理论支持，具有重要的理论意义。

2. 实践意义

（1）对于减少企业经济损失，建立和谐劳动关系，具有重要的实践意义

群体性劳资冲突参与者众多，能够产生较大的社会影响，并且会给企业带来不可估量的经济损失。2010年某汽车零部件制造有限公司员工因不满工资低、福利待遇差，停工数天。每天有超2亿元的损失，并且产生连锁效应，造成了巨大损失。

（2）构建群体性劳资冲突酝酿阶段、发展阶段和平息阶段的协调机制

群体性劳资冲突频频发生，形式复杂多样。借鉴在苏州、六盘水等地调研的先进管理经验，构建了群体性劳资冲突三个阶段的协调机制，这对企业、政府以及工会有很强的参考意义。

综上所述，当前我国正处在社会转型、经济转轨的关键期，一线员工，特别是新生代员工，开始用群体性劳资冲突来表达自己的诉求。群体性劳资冲突往往涉及人数多、社会影响大。因此，研究群体性劳资冲突的嬗变机理与协调机制有着重要的理论意义和实际意义。

第二节　研究目标

结合经济社会转型时期和群体性劳资冲突高发期的现

实背景，以及群体性劳资冲突嬗变机理和协调机制的研究有待继续深入的理论背景，本书提出了以下两个研究目标。

一、揭示群体性劳资冲突嬗变机理

群体性劳资冲突事件逐渐成为学者关注的焦点问题，根据国内学者对群体性劳资冲突的研究发现，目前没有学者运用扎根理论方法研究群体性劳资冲突酝酿、发展和平息三个阶段的嬗变机理。因此，本书采取扎根理论的研究方法，借助质性分析软件 Nvivo11 Plus，对群体性劳资冲突事件的相关资料进行开放性编码、主轴编码和选择性编码。根据编码结果，构建群体性劳资冲突酝酿阶段、发展阶段和平息阶段嬗变机理的理论模型。

二、构建群体性劳资冲突协调机制

借鉴在苏州、六盘水等地调研的先进管理经验，构建群体性劳资冲突三个阶段的协调机制。在厘清酝酿阶段嬗变机理的基础上，构建群体性劳资冲突酝酿阶段的 B-SPB 协调机制；在厘清发展阶段嬗变机理的基础上，构建群体性劳资冲突发展阶段的 D-SPDB 协调机制；在厘清平息阶段嬗变机理的基础上，构建群体性劳资冲突平息阶段的 F-SPDB 协调机制。

 研究内容与各章节
逻辑架构

一、研究内容

本书共分七章进行研究,具体如下。

第一章为导论。本章对研究的背景和意义、研究目标、研究内容与各章节逻辑架构、研究方法、可能的创新之处、资料搜集与数据来源、可行性与可靠性、成果价值进行了概括性阐述,厘清研究的思路,阐明研究的着眼点,为后续章节作铺垫。

第二章为群体性劳资冲突的文献综述。本章对冲突的相关理论、国内外文献进行系统梳理。首先,简要介绍冲突理论演进,具体介绍的理论有四种,分别为勒庞的集体心智理论、布鲁默的循环反应理论、格尔的相对剥夺理论和齐美尔的冲突理论。其次,从四方面分析群体性劳资冲突国外论文综述,分别为:群体性劳资冲突的形成原因、群体性劳资冲突的特征、群体性劳资冲突的影响和群体性劳资冲突的解决对策。最后,基于CiteSpace知识图谱的文献计量法分析群体性劳资冲突国内综述,主要从国内群体性劳资冲突的时间分布特征、空间分布特征、形成原因、特点、形成机制、预防与规制以及评价等方面进行系统研究。

第三章为群体性劳资冲突酝酿阶段的嬗变机理。通过研究目的、研究设计、研究过程和研究结果与讨论四部分构建群体

性劳资冲突酝酿阶段的 B-SPB 嬗变机理。运用扎根理论的研究方法，借助质性分析软件 Nvivo11 Plus，对酝酿阶段群体性劳资冲突事件相关资料进行开放式编码、主轴编码和选择性编码。经过研究发现，共得到经济因素、管理粗暴、职业病等 24 个开放式编码。在开放式编码的基础上，进行概念或范畴的连接与归类，得到 8 个主范畴，分别为：内部因素、外部因素、分散的个体不满、个体相对剥夺感上升、无意识的群体不满、个体分散的抱怨、非正式关系网络互动和初级无意识层面的共同抱怨。其次，从主范畴中挖掘出刺激因素、员工心理变化和员工行为三个核心范畴，在此基础上形成一条完整的故事线，即"刺激因素→员工心理变化→员工行为"。最后，围绕这一故事线，创新性地提出群体性劳资冲突酝酿阶段的 B-SPB 嬗变机理模型。

第四章为群体性劳资冲突发展阶段的嬗变机理。通过研究目的、研究设计、研究过程和研究结果与讨论四部分构建群体性劳资冲突发展阶段的 D-SPDB 嬗变机理。运用扎根理论的研究方法，借助质性分析软件 Nvivo11 Plus，对发展阶段群体性劳资冲突事件相关资料进行开放式编码、主轴编码和选择性编码。经过研究发现，共得到未按约定支付工资、变相取消福利、工作环境差等 35 个开放式编码。在开放式编码的基础上，进行概念或范畴的连接与归类，得到 10 个主范畴，分别为：导火索、行动动员、舆论的推波助澜、有意识的群体不满、群体愤怒、理性因素、非理性因素、少数人参加、多数人参加和群体共同行为。其次，从主范畴中挖掘出刺激因素、员工心理变化、行为决策因素和员工行为四个核心范畴，在此基础上形成一条完整的故事线,即"刺激因素→员工心理变化→行为决策因素→员工行为"。最后,围绕这一故事线,创新性地提出群体性劳资冲突发展阶段的 D-SPDB 嬗变机理模型。

第五章为群体性劳资冲突平息阶段的嬗变机理。通过研究目的、研究设计、研究过程和研究结果与讨论四部分构建群体性劳资冲突平息阶段的 F-SPDB 嬗变机理。运用扎根理论的研究方法,借助质性分析软件 Nvivo11 Plus,对平息阶段群体性劳资冲突事件相关资料进行开放式编码、主轴编码和选择性编码。经过研究发现,共得到补发欠薪、带头人的劝说、担心公司报复等 28 个开放式编码。在开放式编码的基础上,进行概念或范畴的连接与归类,得到 11 个主范畴,分别为:政府层面、企业层面、工会层面、风险预期、承受压力、个人需求满足、相信政府妥善解决、对高层的信任、部分诉求得到满足、少数人复工和多数人复工。其次,从主范畴中挖掘出刺激因素、员工心理变化、行为决策因素和员工行为四个核心范畴,在此基础上形成一条完整的故事线,即"刺激因素→员工心理变化→行为决策因素→员工行为"。最后,围绕这一故事线,创新性地提出群体性劳资冲突平息阶段的 F-SPDB 嬗变机理模型。

第六章为群体性劳资冲突协调机制的构建。本章借鉴在苏州、六盘水等地调研的先进管理经验,构建了群体性劳资冲突三个阶段的协调机制。在厘清酝酿阶段嬗变机理的基础上,构建了群体性劳资冲突酝酿阶段的 B-SPB 协调机制;在厘清发展阶段嬗变机理的基础上,构建了群体性劳资冲突发展阶段的 D-SPDB 协调机制;在厘清平息阶段嬗变机理的基础上,构建了群体性劳资冲突平息阶段的 F-SPDB 协调机制。三个阶段的协调机制都是从协调机制构建的依据以及如何构建协调机制两个角度进行深入分析。

第七章为结语。本章主要从研究结论和理论贡献与实践启示两个角度进行研究。结论主要为创新性地提出群体性劳资冲突酝酿阶段的 B-SPB 嬗变机理模型、发展阶段的 D-SPDB 嬗变机理模型、平息阶段的 F-SPDB 嬗变机理模型、构建群体性劳资冲突酝酿、发展和平息三个阶段的协调机制。三个阶段的嬗变机理为研究群体性劳资冲突嬗变机理提供了一个新的解释视角，也为减少企业群体性劳资冲突的发生提供了一个新的理论依据。三个阶段的协调机制为透视群体性劳资冲突协调机制这个"黑箱"提供了一个新的研究方向，也为国内企业有效应对群体性劳资冲突，提供了有力支持和借鉴。

二、各章节逻辑架构

第二章运用 CiteSpace 文献计量法进行群体性劳资冲突国内文献综述。本书第三章、第四章、第五章研究群体性劳资冲突酝酿阶段、发展阶段和平息阶段的嬗变机理时，运用扎根理论研究法，借助质性分析软件 Nvivo11 Plus，对酝酿、发展和平息三个阶段的群体性劳资冲突事件的相关资料进行开放性编码、主轴编码和选择性编码。经研究得到故事线。在该故事线的基础上，创新地提出酝酿阶段的 B-SPB 嬗变机理模型、发展阶段的 D-SPDB 嬗变机理模型和平息阶段的 F-SPDB 嬗变机理模型。第六章为群体性劳资冲突协调机制的构建。在厘清第三章、第四章和第五章三个阶段嬗变机理的基础上，借鉴在苏州、六盘水等地调研的先进管理经验，构建了群体性劳资冲突酝酿阶段的 B-SPB 协调机制、发展阶段的 D-SPDB 协调机制和平息阶段的 F-SPDB 协调机制，具体见图 1-1。

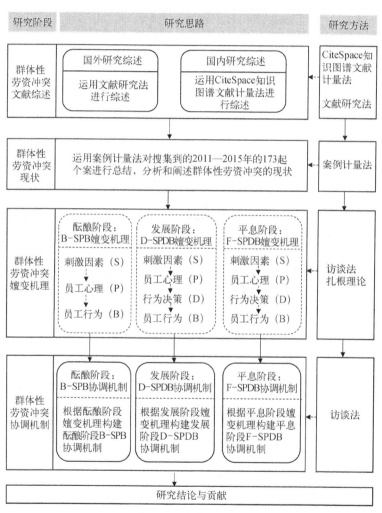

图 1-1 技术路线图

第四节　研究方法

根据各章节逻辑关系，本书具体采用的研究方法有 CiteSpace 知识图谱的文献计量分析、案例计量法、扎根理论研究法、访谈法和文献法。

一、CiteSpace 知识图谱的文献计量法

运用 CiteSpace 知识图谱的文献计量法进行中国群体性劳资冲突文献综述。文献计量法是综合使用数学与统计学方法进行文献信息分析的一种研究方法，通过研究文献的增长与分布特点对文献的数量及变化规律加以揭示。CiteSpace 软件是信息可视化工具，可展现某一研究领域的知识地图和发展全貌，识别学科领域新动态和新趋势。

二、案例计量法

运用案例计量法对搜集到的 2011—2015 年的 173 起个案进行归纳，阐述群体性劳资冲突的现状。本书将 173 起个案的年份分布、区域分布、企业所有制分布以及多次群体性劳资冲突事件在 Excel 表格中进行全方位的分析，并对群体性劳资冲突的基本情况进行描述。

三、扎根理论研究法

扎根理论（Grounded Theory）的两位创立者分别为芝加哥大学的社会学家巴尼·格拉泽（Barney Glaser）与哥伦比亚大学的社会学家安瑟伦·斯特劳斯（Anselm Strauss）。扎根理论作为目前社会科学研究领域的一种最具影响力的质性研究范式，主要是借助对原始资料的分析，从下向上逐步归纳出概念与范畴，最后构建实质理论。该方法主要是通过分析比较相关的类属以及对属性进行提炼。扎根理论以收集与分析资料为核心，对资料进行开放性编码、主轴编码与选择性编码。编码（译码）指的是将搜集或者转译的文字资料上升到概念、范畴。

四、访谈法

课题组赴12个地区，通过深度访谈，采用理论抽样和目的抽样的方法选取受访者，整理访谈录音。访谈对象分别来自企业、工会和政府等部门：企业方面，包括人力资源部专员、生产部经理、主任、工段长、班长、车间一线员工等；工会方面，包括工会主席、工会副主席、工会委员等；政府方面，包括人力资源和社会保障局局长、劳动关系科科长、劳动监察队队长、劳动人事争议仲裁院院长、群众工作部信访办专委等。

五、文献法

文献的来源主要涉及中英文的学术出版物（专著、期刊）以及官方机构的相关报告等，如SSCI期刊、ProQuest检索平台、EBSCO 系列数据库、OCLC-First Search 数据库、中国学位论文全文数据库、中国期刊全文数据库以及各国产业关系协会的专业网站等。

第五节　可能的创新之处

群体性劳资冲突事件逐渐成为学者关注的焦点问题，但是囿于有限的数据，通过对一手资料的分析所做的研究十分有限。课题的创新之处有以下四点：理论创新、实践创新、将扎根理论研究方法应用到群体性劳资冲突嬗变机理研究中和用 CiteSpace 知识图谱文献计量法进行群体性劳资冲突国内文献综述。

一、理论创新

针对以往文献侧重于静态分析，对内在机制缺乏系统性探讨的不足，本书遵循"刺激因素→员工心理变化→行为决策因素→员工行为"的理论逻辑，分阶段系统动态地构建了群体性劳资冲突嬗变机理的理论模型，分别是酝酿阶段的 B-SPB 模型、发展阶段的 D-SPDB 模型、平息阶段的 F-SPDB 模型。尽管已有部分文献关注了群体性劳资冲突是如何产生的，但是分阶段研究群体性劳资冲突嬗变机理的文献十分缺乏。针对以上分析盲点，本书遵循"刺激因素→员工心理变化→行为决策因素→员工行为"的理论逻辑揭示群体性劳资冲突各阶段的嬗变机理，系统地把四者联系起来进行探讨，这为研究群体性劳资冲突嬗变机理提供了一个新的解释视角，也为减少企业群体性劳资冲突的发生提供了一个新的理论依据。

二、实践创新

针对以往协调机制研究的不足，本书分阶段构建了群体性劳资冲突协调机制，提出了酝酿阶段的 B-SPB 协调机制、发展阶段的 D-SPDB 协调机制、平息阶段的 F-SPDB 协调机制，这三个协调机制对企业、工会和政府有效应对群体性劳资冲突有着重要的启示。已有研究发现，国内学者主要从企业、政府以及工会三个层面研究群体性劳资冲突的协调机制，但是对分阶段构建群体性劳资冲突协调机制的研究缺乏探讨。鉴于此，本书根据针对"刺激因素→员工心理变化→行为决策因素→员工行为"这一动态过程所应采取的措施，构建群体性劳资冲突酝酿、发展和平息三个阶段的协调机制，为透视群体性劳资冲突协调机制这个"黑箱"提供了一个新的研究方向，也为国内企业有效应对群体性劳资冲突，提供了有力支持和借鉴。

三、将扎根理论研究方法应用到群体性劳资冲突嬗变机理研究中

运用扎根理论的研究方法，弥补了一般定性研究缺乏规范的方法论支持、研究过程难以追溯和检验造成的不足。目前，已有文献表明，学者主要运用文献分析法（王玉梅，2014；乔芬，2016；等）、案例研究（胡渊，2009；方乐，2015；张玲

玲，2016；等）等方法分析群体性劳资冲突演变机理，然而，这些研究方法难以全面揭示群体性劳资冲突的复杂演变过程。而扎根理论的方法有助于更加全面系统地分析此复杂过程，遗憾的是，囿于该研究方法的复杂性及资料难以获得，目前学术界在此领域应用该方法的研究较少。鉴于此，本书采用扎根理论的方法，进行了研究方法的新探索，推进了该领域的研究。

四、用 CiteSpace 文献计量法进行国内群体性劳资冲突文献综述

文献综述方面，运用 CiteSpace 知识图谱的文献计量法进行国内群体性劳资冲突文献综述。目前尚未有学者运用 CiteSpace 知识图谱的文献计量法进行国内群体性劳资冲突综述，鉴于此，本书用可视化知识图谱展现出国内群体性劳资冲突研究的时间和空间分布特征以及演进脉络，通过分析知识图谱，发现可能存在的研究不足，进而指出群体性劳资冲突的研究前沿。

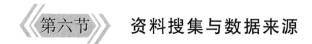

第六节　资料搜集与数据来源

本书所依据的资料，主要来自以下两个方面。

一、访谈资料

课题组成员赴 12 个地区，通过深度访谈，采用理论抽样

和目的抽样的方法选取受访者，整理访谈录音。访谈对象分别来自企业、工会和政府等部门：企业方面，包括人力资源部专员、生产部经理、主任、工段长、班长、车间一线员工等；工会方面，包括工会主席、工会副主席、工会委员等；政府方面，包括人力资源和社会保障局局长、劳动关系科科长、劳动监察队队长、劳动人事争议仲裁院院长、群众工作部信访办专委等。具体的访谈步骤包括如下3个。

1. 确认初始访谈对象

研究的主要目的是结合企业的实际情况，深化对群体性劳资冲突等方面的认识。通常而言，具备相关实践经历的调查对象可以清晰地对自己的观点进行阐述，甚至可以从中归纳、总结自己的独立见解，从而有助于理论构建。

随着样本数量与容量的增加，获取信息的数量也会相应增加，从而更容易挖掘问题、归纳理论。理论层面，直到新抽取的样本没有再提供新信息才可以停止抽样。操作层面，深度访谈对象应是那些对群体性劳资冲突有所了解的人。

2. 访谈基本过程

具体的访谈流程包括如下4步。

首先，约定访谈时间。按照深度访谈的基本操作要求，同时也考虑到获取充足的第一手资料的需要，深度访谈的时间不能少于半小时。如今，生活节奏非常快，受访者的时间非常宝贵，因此，必须要得到调查对象的同意才能展开访谈。不但如此，调查对象是否乐于接受采访也直接对获得的资料数据的质量以及构建理论的质量产生巨大影响。所以，与受访人约定访谈时间，并对访谈过程进行详细记录十分必要。

其次，介绍研究主题。在感谢受访者对研究工作的支持之后，向受访者介绍本次访谈的主题："请您结合企业的实际谈谈您对群体性劳资冲突发生的认识""您认为企业应采取什么措施减少群体性劳资冲突的发生"等。通过这种引导性的问话，将研究主题向受访者表达清楚，并鼓励受访者坦言自己对群体性劳资冲突事件的真实看法与感触。

再次，做好访谈记录。同时通过人工记录（主要是借助纸、笔做记录）与数码记录（包括数码录音笔、附带录音功能的手机等工具）两种方法进行访谈记录，以防数据丢失，当然，两者相辅相成，互不干扰。在访谈过程中，尽量引导受访者围绕研究主题畅所欲言，除非受访者偏离主题太多，否则尽量不要打断其思路。

最后，结束访谈。当无法从受访者的叙述中获取新信息时，访谈者可以选择适当的时机结束访谈，并再次感谢受访者对研究工作的帮助与配合。访谈中还需要礼貌性地获取受访者的有效联系方式，并向受访者表达保持沟通的意愿，为后续研究奠定基础。

3. 访谈所需工具

本书通过 Word、Excel 记录文字并处理相关资料。其中，Word 记录的主要包括访谈的谈话内容框架、观点、访谈时间、地点、受访者的基本信息、情绪倾向等信息，并经过 Word 后续文字处理和校订、删改，最终形成研究成果。Excel 记录的主要为受访者的基本信息、访谈时间、访谈地点等，并最终作为受访者的个人访谈档案，以便后续进行简单的数据处理。

手表可以记录诸如约谈时间、访谈时间等时间信息，并可以用作掌握访谈时间的尺度。数码录音笔则记录了访谈过程的所有信息，后续对其记录的内容进行文字处理，进而生成个人访谈档案，以备后续进行信息校验。纸笔主要是作为一种辅助工具，记录了数码录音笔无法记录的受访者的情绪状态、神情、语气等，还有归纳总结并记录下受访者谈话的观点，一则减轻后续工作任务，二则备案存档。

综上所述，本书在资料搜集和整理过程中，具有很大的难度和挑战性。第一，由于访谈人数较多，在与企业、政府和工会部门沟通时有一定的难度，研究者通过跟企业管理者沟通等一系列方法解决这一难题；第二，访谈资料的整理具有一定的难度。

二、群体性劳资冲突事件等二手资料

二手资料。研究选取报道的群体性劳资冲突事件以及调研期间所搜集的会议发言稿、企业管理制度、政府下发文件等二手资料作为研究分析对象的一部分。

第七节　可靠性与可行性

一、数据可靠性分析

课题组成员赴 12 个地区，通过深度访谈，采用理论抽样和目的抽样的方法选取受访者。

访谈资料与二手资料相结合,将资料划分为酝酿阶段数据、发展阶段数据与平息阶段数据。研究数据主要包括对访谈资料进行整理、报道的群体性劳资冲突事件以及调研期间所搜集的会议发言稿、企业管理制度、政府下发文件等。辅助文件指的是国内与群体性劳资冲突相关的研究成果、政府文件等资料,也包括对于掌握研究主题有帮助的材料。本书依据数据的重要性、数据与研究主题的直接关联度将研究数据科学合理地划分层次,辅助理论的构建,具体而言,即通过搜集到的国内外相关资料为理论构建建立基础,有助于更加全面掌握研究主题,并引导研究合理化进行。

二、本书构建的群体性劳资冲突协调机制的可行性

1. 在嬗变机理基础上,构建群体性劳资冲突协调机制

本书在群体性劳资冲突酝酿、发展和平息三个阶段嬗变机理的基础上,构建了群体性劳资冲突酝酿阶段的 B-SPB 协调机制、发展阶段的 D-SPDB 协调机制和平息阶段的 F-SPDB 协调机制。根据三个阶段的理论模型构建协调机制这一研究是科学、合理的。

2. 结合企业先进管理经验,构建群体性劳资冲突协调机制

本书借鉴苏州、六盘水等地区的先进管理经验,构建了群体性劳资冲突酝酿阶段的 B-SPB 协调机制、发展阶段的 D-SPDB 协调机制和平息阶段的 F-SPDB 协调机制。本书以企业、工会以及政府解决群体性劳资冲突的实际工作经验为基础

构建了协调机制,因此构建的群体性劳资冲突协调机制是接地气的、可行的。

第八节 成果价值

本书的成果价值体现在两个方面:学术价值和社会价值。

一、学术价值

现有文献对群体性劳资冲突演变机理和协调机制的研究多局限于整个事件的发展,忽视了事件各个阶段中刺激因素、员工心理变化以及员工行为的不同。因此,本书以事件的酝酿、发展和平息三个阶段为切入点,关注影响群体性劳资冲突发生的刺激因素、员工心理变化、行为决策因素以及员工行为,揭示群体性劳资冲突酝酿阶段 B-SPB 嬗变机理、发展阶段 D-SPDB 嬗变机理和平息阶段 F-SPDB 嬗变机理,拓展与完善群体性劳资冲突的理论体系。

二、社会价值

劳动关系领域进入矛盾多发期,协调劳动关系的任务十分艰巨。借鉴苏州、六盘水等地区解决群体性劳资冲突的先进管理经验,构建群体性劳资冲突酝酿阶段 B-SPB 协调机制、发展阶段 D-SPDB 协调机制和平息阶段 F-SPDB 协调机制。

本书的社会价值包括如下3点。

1. 政府

为处理群体性劳资冲突事件的主要政府部门，如人力资源和社会保障部劳动关系司，如省委、省政府以及地方各级政府分管人力资源和社会保障工作的领导（常务副省长、副市长等）、省人力资源和社会保障厅等相关部门提供决策参考。

2. 工会

为各级工会组织构建和谐劳动关系、处理酝酿阶段、发展阶段和平息阶段群体性劳资冲突提供具体的方法借鉴。

3. 企业

为企业改进劳动关系管理提供参考，尤其需关注心理层面的影响，从酝酿、发展和平息三个阶段化解群体性劳资冲突。

第二章
群体性劳资冲突的
文献综述

本章对群体性劳资冲突的相关理论、国外综述以及国内综述进行系统梳理。首先，简要介绍冲突理论的演进，具体介绍四种重要相关理论，分别为勒庞的集体心智理论、布鲁默的循环反应理论、格尔的相对剥夺理论和齐美尔的冲突理论。其次，从四方面综述群体性劳资冲突国外研究，分别为：群体性劳资冲突的形成原因、群体性劳资冲突的特征、群体性劳资冲突的影响和群体性劳资冲突的解决对策。最后，基于CiteSpace知识图谱的文献计量法分析群体性劳资冲突国内综述，主要从国内群体性劳资冲突研究的时间分布特征、空间分布特征、原因、特点、形成机制、预防与规制等方面进行了系统分析，并对目前研究进行评价。

第一节　群体性劳资冲突相关理论分析

一、冲突理论演进

群体性劳资冲突的发生源于劳动关系中出现的某种干扰，本书从理论时间、理论名称以及理论主要内容三方面简要介绍19种冲突理论，如埃米尔·涂尔干的劳资冲突思想、勒庞的集体心智理论、康芒斯的集体行动理论、齐美尔的冲突理论、科塞的冲突理论、特纳和克利安的突生规范理论、托马斯·谢林的冲突战略理论、赖克斯的冲突理论、奥尔森的集体行动理论等。

1. 冲突理论纵览

本书选取 19 种主要冲突理论,根据其产生的时间进行了简要梳理,具体如图 2-1 所示。

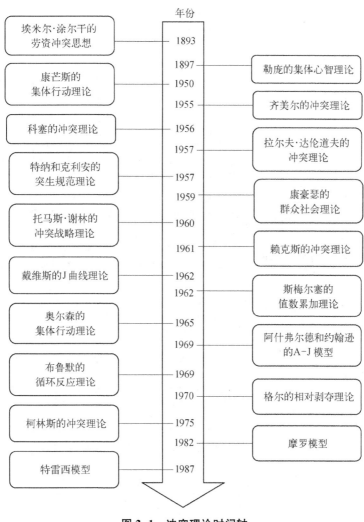

图 2-1 冲突理论时间轴

2. 冲突理论的简要分析

从理论时间、理论名称和理论主要内容三部分简要分析，具体研究内容见表2-1。

表2-1 19种相关冲突理论纵览

理论时间	理论名称	理论主要内容
1893年	埃米尔·涂尔干的劳资冲突思想	涂尔干基于特殊视角对劳资冲突进行阐述。他将社会分工划分为正常与病态两种情况，前者有助于推动整个社会的发展进步，相反地，后者在病态（雇主和工人在实力上是不平等的情况）下则会带来冲突
1897年	勒庞的集体心智理论	勒庞认为，个体在群处时，会通过无意识、传染和暗示等过程而使心理趋向统一，形成一种所谓"集体心智"。在集体心智的作用下，个人的才智和个性会削弱，从而做出种种不可思议的行动
1950年	康芒斯的集体行动理论	康芒斯从制度的角度对劳资问题的经济根源、工会组织的角色以及政府法规进行了分析，探求解决劳资冲突的途径
1955年	齐美尔的冲突理论	齐美尔的冲突理论将稳定群体作为研究对象展开了细致的社会冲突研究，并创造性地对社会冲突进行分类与功能解说
1956年	科塞的冲突理论	科塞认为社会冲突具有正功能和负功能，并提出了具有普遍意义的三条法则，分别为冲突的功能、冲突的强度和冲突持续的时间
1957年	达伦道夫的冲突理论	达伦道夫主要基于韦伯的思想构建了阶级与冲突理论
1957年	特纳和克利安的突生规范理论	特纳和克利安认为，集体行为具有一定的结构性和组织性。在集体行为进行过程中会突生出一个规范来，这个突生性规范会临时给参与者提供一个关于现实和趋势的共同理解，可以在社会常规被打破或失效的陌生情境下稳定人们对彼此行为的预期，从而赋予集体行为一定程度的秩序
1959年	康豪瑟的群众社会理论	康豪瑟将群众社会与群众运动联系起来，尝试用群众社会理论去解释群众运动兴起的条件、机制和后果，并从社会结构中去寻找群众运动形成的根源

(续表)

理论时间	理论名称	理论主要内容
1960 年	托马斯·谢林的冲突战略理论	谢林开创了非数理博弈理论,提出存在混合动机冲突,即两个或多个团体面临相冲突的合作和竞争动机时的情境。他在此基础上正式建立了"冲突战略理论"的基本框架
1961 年	赖克斯的冲突理论	赖克斯从马克思主义的基本立场出发,提出"三情境"冲突理论。赖克斯指出,西方社会生活所具有的不公平的分配制度引发不满情绪,并形成了以群体利益先于个人利益的集体行动者
1962 年	戴维斯的 J 曲线理论	戴维斯的 J 曲线理论认为当面对突如其来的经济萧条,人民的期望却没有做出相应的同步调整。根据以往的繁荣经验,人们的期望会继续发展,而决定因素即为这个标准。因此当实际发展状态和人们的预期之间的矛盾达到某一个极限时,集体行为就会爆发
1962 年	斯梅尔塞的值数累加理论	斯梅尔塞的理论从结构上可解析为四个要素:价值、规范、角色和设施。他认为集体行为的发生同时受六个因素的影响:一是结构性有利条件;二是结构性紧张;三是普遍信念的形成和散播;四是诱发因素;五是对参与者的行动动员;六是社会控制
1965 年	奥尔森的集体行动理论	奥尔森认为冲突具有将个人从他们无法形成集体理性的囚犯两难选择中解放出来的作用。如果冲突有利于形成共同信念偏好,即与背叛相比,个人更偏好合作,则形成有效的联合就是有价值的
1969 年	阿什弗尔德和约翰逊的 A-J 模型	当其他条件不变时,阿什弗尔德和约翰逊的 A-J 模型总体结论是:与某一时期停工概率成正比的因素有停工期间工资增长幅度不断下降的速率和工会在停工前的工资要求,成反比的有未来产品期的产品售价、劳动力的平均产出量、在过程中员工的抵制力日益下降和工会绝不肯接受的工资增长幅度
1969 年	布鲁默的循环反应理论	布鲁默认为,每个人都有欲望和冲动,一旦这些欲望和冲动不能通过常规的方式满足,个人就会感到不悦、沮丧、不安、孤单和疏离,变得很烦躁,个体性的烦躁经过一个循环反应过程,就会演变为社会性的骚动
1970 年	格尔的相对剥夺理论	格尔认为,每个个体对自己生存状态都有一个相应的期望值,即价值期望;而社会则具有满足个体期望的能力,即价值能力。当社会的价值能力小于个体的价值期望时,个体就会产生相对剥夺感。这个差值越大就表示相对剥夺感越大,人们越容易采取破坏性的集体行为

(续表)

理论时间	理论名称	理论主要内容
1975年	柯林斯的冲突理论	柯林斯关注的焦点在于宏观社会结构，他认为，社会结构是一种不同于个人的外在的强制性力量。他特别关注人与人之间的影响水平，指出作为行动者的一种互动模式，因此这些行动者成为理解宏观社会结构不可缺少的要素之一
1982年	摩罗模型	摩罗的罢工理论认为，罢工是双方误解的后果，如果一方在判断对方的位势时是自以为是的推理，而对方却根本不是这种状态时，则罢工行为也会发生
1987年	特雷西模型	特雷西模型是一个信息不对称条件下的罢工模型，该模型假定，可供工会和雇主"瓜分"的租金规模存在着不确定性。根据特雷西的理论，此类租金由两部分组成：一部分是准租；另一部分是垄断租金。为了简化起见，特雷西对谈判过程做了这样的假定： (1) 雇主对可提供给双方侵害的租金是一清二楚的，但工会对此却完全不知。在这种条件下，谈判就是一个学习过程； (2) 工会在每一轮谈判中都抛出一个合约报价（包括工资率），然后观察雇主的反应，凭此来破译雇主所掌握的私人信息； (3) 只要下一轮谈判信息的收益大于其相关的成本，谈判就会持续下去； (4) 当原来的合约已经到期，且继续谈判或学习过程的成本大于其收益时，罢工行为就会发生

二、重要相关理论

与本书密切相关的四种重要理论分别为：勒庞的集体心智理论、布鲁默的循环反应理论、格尔的相对剥夺理论和齐美尔的冲突理论。

1. 勒庞的集体心智理论

勒庞在1895年出版的《乌合之众》一书中，提出了一个颠覆人们以往对集体行为认知的观点。

① 勒庞认为，个体在群处时，会通过无意识、传染和暗

示等过程而使心理趋向统一,形成一种所谓"集体心智"。

② "集体心智"一旦形成,就会成为超越个体的普遍特征,并且反过来控制和塑造个体心理。在集体心智的作用下,个人的才智和个性会削弱,人格意识会降低。

③ 由于是通过无意识、传染、暗示等低级心理过程而形成的,人群于是显得激动、多变、暴躁、夸张、幼稚、偏执、拙于推理而急于行动,身处其中的个体会变得野蛮而狂热,从而做出种种不可思议的行动。

理论内容具体如图2-2所示。

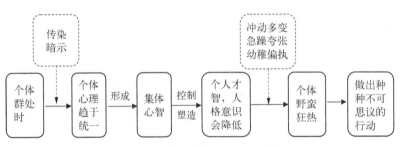

图2-2 勒庞的集体心智理论图

资料来源:作者根据理论内容绘制。

2. 布鲁默的循环反应理论

布鲁默在1969年的《社会学原理纲要》一书所撰写的《集体行为》一章以及后来的论述中,提出了广为引用的"循环反应理论"。布鲁默认为,每个人都有欲望和冲动,一旦这些欲望和冲动不能通过常规的方式满足,个人就会感到不悦、沮丧、不安、孤独,变得很烦躁,个体性的烦躁经过一个循环反应过程,就会演变为社会性的骚动。其理论中的循环反应过程可以分为磨动、集体兴奋和社会感染。磨动的一个基本效应是使人们把注意力越来越集中到对方身上,而把社会制度和常规抛诸脑后;集体兴奋强化和扩散到一定程度,就发生社会感染;经过社会感染,许多原本表现得漠不关心的旁观者也卷入集体行为,从而扩大集体行为的规模,推高集体行为的激烈程度。此时人的行为具有三个特征:盲目性和随机性、高度兴奋的情绪、敏感易受影响,因此缺乏稳定性和连续性(见图2-3)。

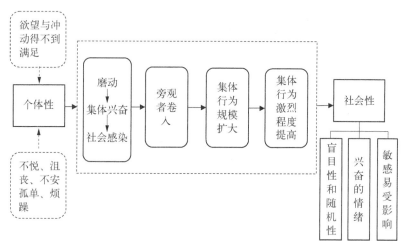

图2-3 布鲁默的循环反应理论图
资料来源:作者根据理论内容绘制。

3. 格尔的相对剥夺理论

相对剥夺感是格尔在1970年提出的。格尔认为,"每个个体对自己生存状态都有一个相应的期望值,即价值期望;而社会则具有满足个体期望的能力,即价值能力。当社会的价值能力小于个体的价值期望时,个体就会产生相对剥夺感。这个差值越大就表示相对剥夺感越大,人们越容易采取破坏性的集体行为"。此外,格尔基于价值期望与价值能力间的不同关系将相对剥夺感划分为递减型、欲望型与发展型相对剥夺感三类。

① 保持个体价值预期不变,那么社会满足其期望的价值能力的降低则会带来"递减型相对剥夺感"。

② 如果社会满足个体期望的价值能力未变,但人们的价值期望变强了,就会产生"欲望型相对剥夺感"。

③ 如果个体的价值期望与社会的价值能力都有所提高,之后社会的价值能力却受某种因素的影响降低,则会增加其与价值期望的差距,出现"发展型相对剥夺感"。

4. 齐美尔的冲突理论

1955年,齐美尔的冲突理论,对社会冲突的分类和功能进行解析(见图2-4)。具体的理论观点包括如下两个。

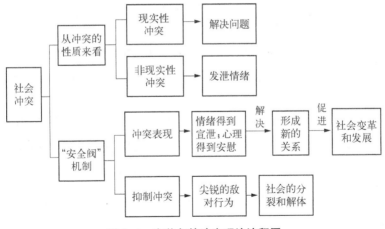

图2-4 齐美尔的冲突理论流程图

资料来源:作者根据理论内容绘制。

① 从冲突的性质来看，齐美尔将冲突分为现实冲突和非现实冲突，前者是为了解决问题，而后者是为了发泄情绪。

② 齐美尔提出了"安全阀机制"，他认为社会冲突虽然具有消极的一面，同时也具有积极一面，原因在于，冲突成为矛盾与不良情绪的宣泄途径，对持有反面观点和情绪的人而言，通过这种方式能够获得心理安慰。一旦取消所有的冲突与反对形式，即便是普通的冲突都极易演化为严重的冲突而带来社会的分裂。因为，冲突以人与人之间的相互作用为基石，所以，在发生与解决冲突的过程中会产生一种新的人与人之间的相互作用关系，继而推动社会发展。

齐美尔"安全阀"观点的提出，无疑丰富和深化了冲突理论。

第二节　国外综述

国外对群体性劳资冲突的研究起步较早，本书分类、梳理的英文文献主要来自 SSCI 期刊，比如 *Industrial Relations*、*Monthly Labor Review*、*Industrial and Labor Relations Review*、*Journal of Industrial Relations* 和 *Modern China* 等劳动关系领域重要期刊。

通过梳理 SSCI 期刊文献，发现西方学者们对群体性劳资冲突的研究主要集中在四个方面：群体性劳资冲突的形成原因、特征、群体性劳资冲突的影响以及群体性劳资冲突的解决对策。

一、群体性劳资冲突的形成原因

研究者对国外群体性劳资冲突形成原因的论文进行了分类与梳理，主要从外部环境和内部因素两方面分析劳资冲突的形成原因，具体如表2-2所示。

表2-2 形成原因

形成原因	外部因素	Blejer, 1981; Flahert, 1983; Flaherty, 1987; Gigg, 2010; Godard, 2011; Elfstrom, 2014; Hyde, 2016
		Reshef等, 1989; Mccartin, 1992; Kolsto, 2008; Hughes, 2009; Jefferys, 2011; Curcio等, 2014; Siu等, 2015; Chiumbu, 2016
	内部因素	Leach, 1992; Kramer, 2002; Tanguy, 2013; Cohen, 2015; Lyddon, 2015
		Martin, 1986; Pun等, 2010; Becker, 2012; Minchin, 2012; Ackers, 2014; Mah, 2014; Gray, 2015
	其他因素	Kaufman, 1983; Kaufman, 1984; Wheeler, 1984; Gramm, 1986; Mcclendon, 1993; Hodges, 1993; Oestreicher, 1993; Markey, 1995

1. 外部环境

从外部环境看，主要有经济环境和政治环境。经济环境的变化是群体性劳资冲突产生的一大因素，Flaherty（1987）研究了1961—1981年期间制造业的群体性劳资冲突，主要探讨了引发冲突的一大因素是生产率的变化；Godard（2011）认为经济增长越快，劳资冲突越深，其隐性表现在一定条件下会出现；而 Elfstrom（2014）研究了群体性劳资冲突产生的根本原因是劳动力短缺。另外，政府政策的变化也是一大因素，Reshef 等（1989）研究了以色列群体性劳资冲突的政治决定因素；Siu 等（2015）研究了 2006—2011 年期间，越南群体性劳资冲突产生的根本原因是政府的干预无力；Chiumbu（2016）研究了南非矿工群体性劳资冲突产生的原因是种族歧视和资本主义。

2. 内部因素

从内部环境来看，主要为企业和员工两方面。企业方面主要是劳动强度过大、企业管理不当等原因，如 Leach（1992）研究了群体性劳资冲突的主要原因是企业随机执行信息不对称的合同；Cohen（2015）研究了在赫克贝尔·贝利奥斯歌剧院 Benvenuto Cellini 铸造员工的群体性劳资冲突，并阐述了群体性劳资冲突产生的原因是制造型企业中劳动者的劳动强度过大；Lyddon 等（2015）研究了中国汽车工厂"自发性"的群体性劳资冲突，其主要原因是员工受到不公平待遇。员工方面主要是员工诉求得不到满足等原因，Pun 等（2010）研究了在改革开放进程中，新生代农民工因不满情绪的累积和愤怒而参与群体性劳资冲突；Gray 等（2015）认为中国农民工的维权意识增强是 2010 年南海本田群体性劳资冲突事件发生的重要因素。

二、群体性劳资冲突的特征

研究者对国外群体性劳资冲突的特征的论文进行了分类与梳理，具体如表 2-3 所示。

表 2-3 群体性劳资冲突的特征

特征	信息不对称性	Hayes, 1984; Tracy, 1987; Forrant, 1996; Hirschsohn, 1998; Hurd, 2013; Darlington, 2014; 等
	差异性	Mclean, 1979; Lichtenstein, 1994; Bennett, 2008; Chidester, 2013; Elfstrom M, 2014; 等
	周期性	Kaufman, 1981; McConnell, 1990; Rose, 1994; Harrison 等, 1994; Schnell J.等, 1994; Leroy, 1995; Bolton, 2012; 等
	自发性	Neumann, 1980; Leigh, 1983; Gramm, 1988; Skeels, 1991; Lau, 2012; Lyddon, 2015; 等
	原因多样性	Swint, 1978; Maki, 1986; Card, 1988; Campolieti, 2005; Blewett, 2006; Cohen, 2012; Mcbride, 2013; 等

群体性劳资冲突的特征各种各样，学者对群体性劳资冲突的特征，做了深入的研究。学者们认为群体性劳资冲突的特征主要有 5 点，分别为信息不对称性、差异性、周期性、自发性和原因多样性。信息不对称性方面，如 Hayes（1984）研究了群体性劳资冲突的信息不对称性，Tracy（1987）进行了群体性劳资冲突非对称信息模型的实证试验；Mclean（1979）研究了群体性劳资冲突的差异性；周期性方面，如 McConnell（1990）研究了群体性劳资冲突周期性波动，Rose（1994）研究了企业多元化与群体性劳资冲突持续时间的关系；自发性方面，如 Leigh（1983）研究了参与群体性劳资冲突员工的风险偏好和倾向性，Lau（2012）认为绝大部分群体性劳资冲突是自发的，没有组织的；原因多样性方面，如 Blewett（2006）分析了约克郡曼宁厄姆米尔斯群体性劳资冲突的多种原因。

三、群体性劳资冲突的影响

对国外群体性劳资冲突影响的论文进行了分类与梳理。研究发现，国外学者主要从七方面分析群体性劳资冲突的影响，分别为经济方面、企业方面、政府方面、教育方面、生活方面、工会方面和媒体方面，具体如表2-4所示。

表2-4 群体性劳资冲突的影响

影响	经济方面	Kaufman, 1983; Abowd, 1989; Dinardo, 2002; Darlington, 2012; Bohlmann等, 2015
	企业方面	Becker, 1986; Flaherty, 1987; Gunderson, 1987; Mchugh, 1991; Persons, 1995; Card, 1995; Kramer, 1996; Navickas, 2011; Lyddon等, 2015
	政府方面	Ghilarducci, 1988; Gunderson, 1990; Kaufman, 1992; Lichtenstein, 1995; Wald, 2004; Friedman, 2006; Munck, 2007; Hauptmeier, 2015; Rutar, 2015
	教育方面	Gunderson, 1986; Budd, 1994; Rao, 2000; Bradley, 2008; Ineme, 2016
	生活方面	Stern, 1976; Paldam, 1982; Fenton, 2001; Subways, 2014; Moylan等, 2016
	工会方面	Eley, 1999; Greer, 2008; Chan等, 2012; Jansen, 2014; Darlington, 2014; Anner等, 2016
	媒体方面	Frenkel, 1988; Defusco, 1991; Erickson, 1996; Flynn, 2000; Barnett, 2003; Kelly, 2015

1. 经济方面

经济方面，破坏了市场结构，重要的还有可能间接导致金融危机等。如Abowd（1989）研究了群体性劳资冲突对市场结构的影响，Dinardo等（2002）研究了群体性劳资冲突对金融市场的影响，Bohlmann等（2015）研究了2014年南非铂金矿业的群体性劳资冲突可能对整个南非经济造成长期的不利影响。

2. 企业方面

群体性劳资冲突的发生不仅影响企业的形象，而且也影响企业的生产。如Becker（1986）研究了群体性劳资冲突对股东权益的影响，Flaherty（1987）研究了美国汽车工业的群体性劳资冲突活动对企业生产率的影响，Persons（1995）研究了汽车行业群体性劳资冲突对钢铁供应商库存价值的影响。

3. 政府方面

群体性劳资冲突对政府形象有一定的影响，会造成员工对政府的不信任。如 Wald（2004）分析了 1989—1990 年皮特斯顿群体性劳资冲突对法律的影响，Rutar（2015）分析了科佩尔（卡波里斯蒂亚）港口的船员参与群体性劳资冲突对当时政府的影响。

4. 生活方面

群体性劳资冲突会造成交通拥堵等生活影响。如 Subways（2014）研究了公共交通领域的员工参与群体性劳资冲突对交通拥堵的影响，Moylan 等（2016）研究了 2013 年湾区快速公交（BART）工作人员参与两次短暂的群体性劳资冲突对交通造成的影响。

5. 教育方面

群体性劳资冲突还会对高等教育制度产生影响。如 Ineme 等（2016）通过明尼苏达满意度调查问卷研究了群体性劳资冲突对尼日利亚高等教育制度的影响。

6. 工会方面

群体性劳资冲突的发生会对工会造成严重影响。比如 Chan 等（2012）研究了广东南海本田汽车零部件公司员工参与群体性劳资冲突的案例以及工会改革的动力与困境，Anner 等（2016）研究了越南自发性群体性劳资冲突对工会的影响。

7. 媒体方面

群体性劳资冲突的发生对媒体造成了一定的影响。如 Frenkel（1988）研究了群体性劳资冲突过程中媒体的沟通和冲突，Flynn（2000）研究了媒体关注和群体性劳资冲突持续时间之间的关系。

四、群体性劳资冲突的解决对策

国外学者对群体性劳资冲突解决对策的研究主要体现在三个方面，分别为企业层面、政府层面和工会层面，具体如表2-5所示。

表2-5 群体性劳资冲突的解决对策

解决对策	企业层面	Ray, 1995；Katz, 2003；Finley, 2006；Dennis, 2012；Soderberg, 2013；Pavlo, 2013；Mustchin, 2014；Weir, 2015；Cox, 2015
	政府层面	Adams, 1976；Stern, 1978；Hebdon, 1985；Gramm, 1987；Merrifield, 1987；Winterton, 1993；Maclaury, 2005；Lopez, 2009；Friedman, 2013；Chang, 2015；Abuza, 2016
	工会层面	Rubin, 1988；Bailey, 1991；Martens, 2008；Alexander, 2010；Patrice 等, 2012；Brickner, 2013；Liu, 2014；Macdonald, 2015；Dukes 等, 2016

1. 企业层面

在群体性劳资冲突中，企业扮演着两方面的角色。如 Ray（1995）分析了群体性劳资冲突的企业控制手段；Pavlo（2013）认为公司要有明确的规章制度，要靠法治而非人治解决问题，尽量避免人为因素，特别是对群体性劳资冲突的处理，要有详细的解决方案；Cox（2015）通过对越南纺织业群体性劳资冲突事件的研究，分析了在变革和过渡时期，员工参与企业管理的重要性。

2. 政府层面

政府不仅应做好群体性劳资冲突的预控工作，还应该在群体性劳资冲突发生时协助企业做好应急工作。Friedman（2013）研究了政府应从工会入手，解决群体性劳资冲突；Chang 等（2015）研究了中国劳资纠纷的主要特点以及法律因素的影响；Abuza（2016）研究了尼日利亚政府应忠实执行法律，以确保这些法律能约束参与群体性劳资冲突的员工，从而减少群体性劳资冲突的发生。

3. 工会层面

工会应充分发挥在群体性劳资冲突中的作用。Rubin（1988）研究了工会组织在群体性劳资冲突中的作用；Patrice 等（2012）认为推进工会改革是调解群体性劳资冲突的主要措施，当工会面临员工的不信任时，他们会采取一些措施来重新发挥工会的作用；Dukes 等（2016）研究了在群体性劳资冲突的处置过程中，工会起着重要的作用，认为法律应当赋予工会参与和组织集体行动的自由，确保工会和员工行使集体行动的权利。

综上所述，国外学者主要从群体性劳资冲突的形成原因、特征、影响以及解决对策方面进行了深入研究。具体来说，从外部因素和内部因素两方面研究群体性劳资冲突的形成原因；从信息不对称性、差异性、周期性、自发性和原因多样性等方面研究群体性劳资冲突的特征；从经济、企业、政府、教育、生活、工会以及媒体等方面研究群体性劳资冲突的影响；从企业、政府和工会等层面研究群体性劳资冲突的解决对策。

第三节　国内综述：基于 CiteSpace 知识图谱的文献计量分析

以 CNKI 期刊库从 1999—2016 年发表的群体性劳资冲突论文作为数据来源，本书采用文献计量法，借助 CiteSpace 工具进行关键词分析、作者合作分析和作者—关键词耦合分析，用可视化知识图谱展现出国内群体性劳资冲突研究的时间和空间分布特征以及演进脉络。结果显示：通过 CiteSpace 进行可视化分析，发现从时间序列上的文献分布、高产机构分布、作者分布、期刊分布等特点，细分为了多个热点研究主题，其中研究热点呈现出渐次多元化的变化趋势；刻画了国内群体性劳资冲突研究的新特点和新趋向，从群体性劳资冲突研究方法等 3 个角度提出了未来可追踪分析的最新前沿方向。

一、文献来源与研究方法

1. 文献来源

2016 年进入中国知网（CNKI）数据库，分别选择"期刊数据库"和"博硕论文数据库"，点击"高级检索"，以"劳资冲突"为主题、在"全文"中包含"群体"，选择"精确匹配"，其他检索条件均不限制，共检索到 1999—2016 年的 873 条相关文献。排除不相关及一稿多投等情况共筛选出 330 篇直接相关文献,将转换后的 330 篇文献记录导入 CiteSpace 软件,进行关键词分析、作者合作分析和作者—关键词耦合分析。

2. 研究方法

文献计量法是综合使用数学与统计学方法进行文献信息分析的一种研究方法,通过研究文献的增长与分布特点对文献的数量及变化规律加以揭示。

CiteSpace 软件是信息可视化工具,可展现某一研究领域的知识地图和发展全貌,识别学科领域新动态和新趋势。

二、国内群体性劳资冲突研究的时空分布特征

1. 国内群体性劳资冲突研究的时间分布特征

研究成果的历史性变化趋势可以从另一个角度或层面来反映研究领域的发展状况,为此,对国内群体性劳资冲突的年度发文量进行了统计,如图 2-5 所示。

图 2-5 国内群体性劳资冲突文献增长趋势(1999—2016 年)

资料来源:作者根据知网 1999—2016 年论文数量经筛选后统计所得。

我国群体性劳资冲突研究，一直到 2002 年，文献的发表量都呈现较少的状态，且没有明显的增长趋势。自 2006 年开始，国内群体性劳资冲突逐渐爆发，2010 年之后呈现出蓬勃发展之势。

衡量一个研究领域的发展状况，不仅在于研究成果的涌现，学术共同体规模的壮大也起到巨大作用。从 1999 年以后逐年增长。至 2016 年，共有 541 人发表过相关研究成果，每年发表论文的作者人数，如图 2-6 所示。

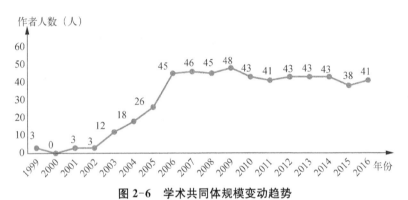

图 2-6　学术共同体规模变动趋势

资料来源：作者根据 CiteSpace 软件分析后对其得出的数据统计所得。

从图 2-6 可以看出，研究群体性劳资冲突的人员数量变化大致分为三个阶段：1999—2002 年、2002—2006 年和 2006—2016 年。1999—2002 年，作者数量维持在一个较为稳定的水平且总人数不多。但从 2002 年之后，每年的研究人数增长速度加快，在 2009 年研究人数达到最高值，且每年的研究人数总体趋于稳定。虽然每年研究群体性劳资冲突的人数都有变化，但大体趋势是增长的，说明是极具发展前景的研究领域。

2. 国内群体性劳资冲突研究的空间分布特征

(1) 国内群体性劳资冲突研究的高产机构

设置参数指标时把时间跨度设置为"1999—2016 年",然后 time slice 设为 1,topN = 50 筛滤掉每个时间切片中发文量排在 50 之后的机构与作者。最终得到了一个节点数为 543,连线数为 278,密度为 0.0019 的机构、作者的混合网络关系图谱。结果表明,发文量排在前十的机构为中国人民大学劳动人事学院、中国劳动关系学院、华南农业大学公共管理学院、中国劳动关系学院公共管理系、山东大学管理学院、东北师范大学政法学院、广西经济管理干部学院、清华大学社会学系、暨南大学经济学院和首都经济贸易大学劳动经济学院,它们发文量依次为 16、15、11、9、7、6、6、6、6、6。图 2-7 为放大的全景视图的局部视图,其展现了中国人民大学劳动人事学院作者群体间的密切合作程度以及其与其他机构的合作情况。中国劳动关系学院、华南农业大学公共管理学院、中国劳动关系学院公共管理系、山东大学管理学院、东北师范大学政法学院、广西经济管理干部学院、清华大学社会学系、暨南大学经济学院和首都经济贸易大学劳动经济学院这九个机构作者群体的合作关系图谱与图 2-7 相似,故省略。

图 2-7 中机构或作者由节点中心来代表,节点的直径大小代表了发文量的多少,作者彼此间的连线代表其建立的合作关系。由图可知,中国人民大学劳动人事学院发文量为 16 篇,其作者群体按发文量排序依次为程延园(4 篇)、许晓军(3 篇)、王若晶(3 篇)、任小平(2 篇)、常凯(2 篇)等,而与

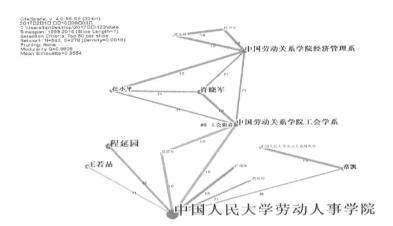

图 2-7　中国人民大学劳动人事学院作者群体及其与其他机构的合作关系

中国人事科学研究院合作的机构有两个。

（2）国内群体性劳资冲突研究的作者分布特征

作者的辛勤奉献对这一研究领域的发展起着至关重要的作用，尤其是高产作者有着不可磨灭的贡献。1999 年以来，中国群体性劳资冲突研究的科研人员共有 545 人，发文量在 5 篇（含）以上的作者就有 6 人（见表 2-6）。

表 2-6　中国群体性劳资冲突研究的高产作者

作　者	发文量（篇）
杨正喜	10
陈微波	7
刘泰洪	7
孟　泉	6
杨　文	6
何　勤	5

资料来源：作者根据 CiteSpace 软件分析后对其得出的数据统计所得。

中国群体性劳资冲突研究处在发展高峰期，已经形成一定的相对稳定的科研合作群体，作者之间有一定的关联。如图2-8所示。作者的科研合作群体已初步形成。

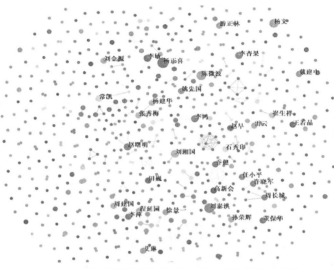

图 2-8　中国群体性劳资冲突研究领域作者共现网络

（3）国内群体性劳资冲突的作者和术语混合网络分析

分析作者和术语混合网络时，勾选 Top100% per slice 以确保图谱中包括全部作者与关键词，运行软件获得作者与关键词混合网络知识图谱（图省略）。将 CiteSpace 软件中的"劳资冲突""劳资关系"和"劳动关系"等与题目直接相关的关键词排除后，出现的关键词有集体谈判、劳资矛盾、工会组织、和谐劳动关系、和谐社会、和谐劳资关系、劳动合同、劳动力市场、人力资源管理、劳动争议、集体合同、劳资纠纷、协调机制、劳动报酬、企业社会责任、工资集体协商、经济发展、集体协商、社会矛盾、劳资和谐、劳动者权益、三方协商、劳动者、企业劳动关系和集体谈判制度等。这些关键词基于不同角度、不同层面展示了有关于群体性劳资冲突的研究内容。这种可视化的共现知识图谱能够更加直观、迅速地对群体性劳资冲突的研究轮廓进行轻松把握。

杨正喜的发文量排名第一,因此图 2-9 以杨正喜为核心,将表明其研究方向的知识图谱进行了局部放大呈现。可以看到,代表其研究方向的关键词有劳资冲突、农民工、和谐劳资关系、工资集体协商、集体谈判、群体性事件、劳动争议案件等。

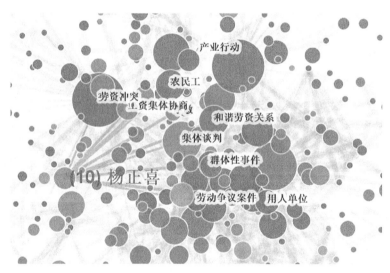

图 2-9 杨正喜的研究方向

(4) 国内群体性劳资冲突的期刊分布特征

刊载中国群体性劳资冲突领域研究成果的期刊达到 93 种

之多,其中发文量在 4 篇以上的期刊共有 4 种(见表 2-7),它们分别为《中国人力资源开发》(12 篇)、《中国工人》(9 篇)、《中国劳动关系学院学报》(7 篇)、《天津市工会干部管理学院学报》(4 篇),这些说明了这 4 种期刊对于群体性劳资冲突相关研究具有较强的发文偏好,是展示国内群体性劳资冲突研究成果极其重要的舞台。4 种期刊共刊载群体性劳资冲突研究文献 32 篇,占相关研究文献总量的 9.7%,其余 89 种期刊的载文量约占 90.3%,由此可见,期刊分布的特征表现为相对集中与高度离散并存。

表 2-7 国内刊载人力资源服务业研究成果的期刊

重点来源	分布(篇)
中国人力资源开发	12
中国工人	9
中国劳动关系学院学报	7
天津市工会干部管理学院学报	4

资料来源:作者根据中国知网分析后对其得出的数据统计所得。

三、群体性劳资冲突的具体研究主题

众所周知,学术论文中的关键词,通常能够直接或间接地表明该文的主题内容。所以本书使用 CiteSpace 信息可视化软件分别绘制群体性劳资冲突研究在上述时间段的关键词共现网络知识图谱,进而展现我国群体性劳资冲突研究的主题演进(见图 2-10)。

通过逐一阅读 330 篇文献并分析,结合软件提示,群体性

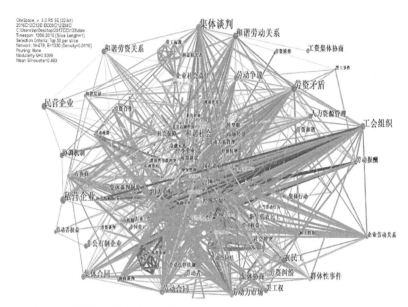

图 2-10 中国群体性劳资冲突的关键词共现网络知识图谱（1999—2016 年）

劳资冲突的研究成果具体分析如下。

首先，研究成果主要分为特征、形成原因、形成机制、预防与规制 4 个方面。其中特征的相关文章共有 16 篇（4.9%），形成原因共有 41 篇（12.4%），形成机制类的相关文章共有 23 篇(7.0%)，预防与规制的文章共有 179 篇（54.2%），另外还有其他类成果研究共 71 篇（21.5%）。

表 2-8 研究成果的年度分布

年份	1. 特征	2. 形成原因	3. 形成机制	4. 预防与规制	5. 其他
1999	0	0	0	2	1
2000	0	0	0	0	0
2001	0	0	0	1	0

(续表)

年份	1.特征	2.形成原因	3.形成机制	4.预防与规制	5.其他
2002	0	1	0	0	1
2003	0	0	0	2	3
2004	0	1	0	2	2
2005	0	1	0	5	2
2006	1	3	0	5	0
2007	0	3	0	6	5
2008	1	0	0	9	1
2009	0	3	0	10	4
2010	5	4	1	12	10
2011	1	4	2	22	8
2012	0	4	3	22	6
2013	0	4	2	29	15
2014	1	3	5	19	7
2015	4	5	7	17	3
2016	3	5	3	16	3
合计	16（4.9%）	41（12.4%）	23（7.0%）	179（54.2%）	71（21.5%）

由表2-8可知，预防与规制类的文献研究占据了总文献超过半数的比重，是学者研究的主要领域。其次是形成原因类，占据份额相对较多。特征类与形成机制类的学术文献数量差距不是很大，分别为4.9%和7.0%，属于尚待发展的领域。基于每个主题在每个年度的发展趋势（图2-11）而言，可以得出预防与规制类学术研究文献数量增长得比较迅速，而其他各类研究主题则表现相对平缓，并且每个年度之间差异表现不大。

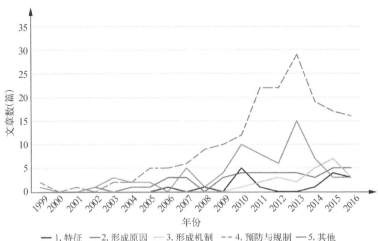

图 2-11　各研究主题的文献变动情况

资料来源：作者根据对所有论文逐一分析后统计所得。

1. 群体性劳资冲突的特征

群体性劳资冲突的特征，根据研究内容主要分为五类：形式多样化、具有普遍性、爆发集中、原因多样化和组织程度高。具体研究主题和代表作者及年份如表 2-9 所示。

表 2-9　群体性劳资冲突特征

冲突特征	形式多样化	罗文东，2006；吴清军，2010；韦长伟，2011；张桂梅，2015；靳凤林，2016
	具有普遍性	杨正喜，2008；卢帆，2010；李琼英，2015；胡楠，2016
	爆发集中	潘泰萍，2010；吴清军，2010；肖飞，2014；周晓光，2015
	原因多样化	吴清军，2010；靳凤林，2016；张玉娇，2016
	组织程度高	吴清军，2010；卢帆，2010；乔健，2010；张佳梅，2015

胡楠（2016）指出普遍性体现在三个方面：一是空间范围上，全国多地都有发生；二是企业性质上，覆盖多行业；三是

争议内容上，员工多为维护自己的经济利益等。周晓光（2015）指出爆发集中一方面体现在规模和数量的剧增，劳资冲突引发的群体性事件频繁发生；另一方面体现在随着员工维权意识的增强，每一个季节都可能是劳资纠纷的高峰期。吴清军（2010）阐明的原因多样化主要体现在经济、文化等各种社会矛盾冲突的综合反映以及冲突主体的多元性、冲突内容的多维性和冲突方式的多样性等。乔健（2010）指出，组织程度高主要体现在动员、策划以及与雇主谈判协商的整个过程。

2. 群体性劳资冲突的形成原因

群体性劳资冲突的形成原因，根据研究内容主要分为四类：社会因素、企业因素、员工因素和工会因素。具体研究主题和代表作者及年份如表2-10所示。

表2-10 群体性劳资冲突形成原因

形成原因	社会因素	经济因素	王兴华，2010；彭贵珍，2010；刘晓梅，2013；尹梦瑶，2015；方倩雪，2016
		政治因素	李汝贤，2006；徐士林，2007；王少波，2010；罗宁，2011；周建国，2011
		法律因素	李三山，2002；徐士林，2007；李凌云，2009；钱珏，2016
		文化因素	刘湘国，2006
	企业因素	管理不当	游正林，2005；黑启明，2006；王少波，2010；徐建丽，2011；韩志明，2012；杨清涛，2013
		工作环境恶劣	陈于，2007；陈娉婷，2009；王起全，2016
		企业社会责任缺失	李鸿，2010；周建国，2011
	员工因素	新生代劳动者诉求多样化	李艳，2015；王道勇，2015
		维权意识增强	杨俊，2013；孟泉，2016

(续表)

形成原因	员工因素	劳动者的利益表达渠道不畅通	王少波，2010；韩志明，2012；李艳霞，2016
		员工心理因素	田莉，2013；王君玲，2014；黄岭峻，2015
	工会因素	工会缺失	李凌云，2009；姚仰生，2016
		工会组织力薄弱	李三山，2002；李汝贤，2006
		工会向企业倾斜	柯龙山，2011；刘晓梅，2013

（1）社会因素

社会因素主要体现在经济因素、政治因素、法律因素、文化因素四个方面。

经济因素。如王兴华（2010）指出金融危机导致劳动力市场呈现出高流动性，进而导致劳资冲突频发；方倩雪（2016）提出经济转型和经济发展导致"资强劳弱"现象，促使劳资冲突爆发。

政治因素。周建国（2011）阐述了政府职能的缺失或政府职能部门工作失误及不作为；罗宁（2011）指出了政策制定的滞后性。

法律因素。刘健西（2013）提出法律法规建设不健全、立法缺失以及与市场经济相适应的国家政策法律制订和完善的滞后等方面。

文化因素。刘湘国（2006）指出我国儒家文化的角色规范、家族管理模式和西方主流经济学思想均对群体性劳资冲突产生一定影响。

（2）企业因素

企业因素主要表现为：一是管理不当，如杨清涛（2013）

指出管理手段苛刻、粗暴；二是工作环境恶劣，如王起全（2016）指出大量的企业不注重企业员工工作环境及配备员工个人的防护用品，要求员工超负荷加班工作，导致员工过度疲惫，患职业病；三是企业社会责任缺失，如周建国（2011）指出大量企业缺少基本的责任心。

（3）员工因素

员工因素为以下四点：第一，新生代劳动者诉求多样化，如王道勇（2015）指出农民工主体地位的长期缺位导致新生代农民工诉求增加；第二，维权意识增强，如孟泉（2016）指出员工的法律意识均有所提高；第三，劳动者的利益表达渠道不畅通，如韩志明（2012）指出企业缺少员工表达诉求的通道导致劳动者诉求无门；第四，员工心理因素，如王君玲（2014）指出有相对剥夺感、失衡心理、不信任心理等。

（4）工会因素

工会因素，如姚仰生（2016）指出工会缺失，李汝贤（2006）提出工会组织力薄弱，刘晓梅（2013）指出工会向企业倾斜等。

3. 群体性劳资冲突的形成机制

群体性劳资冲突的形成机制，根据研究内容主要分为四类：基于劳动者视角的群体性劳资冲突形成机制、基于企业视角的群体性劳资冲突形成机制、基于劳资共同视角的群体性劳资冲突形成机制和其他群体性劳资冲突形成机制。具体研究主题和代表作者及年份如表2-11所示。

表 2-11　群体性劳资冲突形成机制的具体研究主题

具体研究主题			
具体研究主题	基于劳动者视角的群体性劳资冲突形成机制研究	工人群体心理契约违背下的劳资冲突形成机制	白艳莉，2015 等
		转型期新生代农民工劳资冲突行为演化机理	李艳，2015 等
		资源动员理论视角下的农民工集体维权行动生成机制	陈国栋，2015 等
		华南地区工人集体行动演化机理	杨正喜，2012 等
		农民工集体行动发生机制	王春玲，2012；黄岭峻，2015；等
		农民工行为的演变逻辑	孔凡义，2011 等
		劳动者群体性事件的演化	任国友，2011；董保华，2012；等
	基于企业视角的群体性劳资冲突形成机制研究	企业劳资冲突的形成机理	张友仁，2010 等
		旅游企业劳资冲突的发生机制	宋卫俊，2014；翁钢民，2016；等
		转型时期我国非公有制企业劳资冲突发生机制	耿欣，2014 等
	基于劳资共同视角的群体性劳资冲突形成机制研究	劳资关系相对平衡的演化路径分析	许清清，2015 等
		劳资博弈过程中的演化路径	许清清，2014；胡楠，2016；等
	其他群体性劳资冲突形成机制研究	群体性劳资冲突事件的演化机理	何勤，2014；王玉梅，2015；等
		自组织理论视角下的群体性劳资冲突事件的演化	刘冰，2013 等
		新媒体时代环境群体性事件的演化机制	卓四清，2016 等
		网络集体行动机制	白淑英，2014 等

（1）基于劳动者视角的群体性劳资冲突形成机制

基于劳动者视角的群体性劳资冲突形成机制主要体现在工

人群体心理契约违背下的劳资冲突形成机制、转型期新生代农民工劳资冲突行为演化机理、资源动员理论视角下的农民工集体维权行动生成机制、华南地区工人集体行动演化机理、农民工集体行动发生机制、农民工行为的演变逻辑、劳动者群体性事件的演化等方面。白艳莉（2015）指出员工群体心理契约违背下的劳资冲突形成机制为"员工群体心理契约破坏感→心理契约违背感→集体行动"；李艳（2015）阐明了新生代农民工在转型时期劳资冲突行为的演化机理；陈国栋（2015）运用资源动员理论指出农民工集体维权行动的形成机制；杨正喜（2012）提出华南地区工人集体行动演化机理；王春玲（2012）提出农民工集体行动发生机制；孔凡义（2011）指出农民工行为的演变逻辑：农民工通过关系网络推动个体行为转变成群体行为，最终导致群体行为规模扩大化；任国友（2011）提出劳动者视角下群体性事件的演化过程是动态的。

（2）基于企业视角的群体性劳资冲突形成机制

基于企业视角的群体性劳资冲突形成机制主要体现在企业劳资冲突的形成机理、旅游企业劳资冲突的发生机制、转型时期我国非公有制企业劳资冲突发生机制三个方面。张友仁（2010）研究企业劳资冲突的形成机理时，认为组织租的分配是劳资冲突的最关键之处；翁钢民（2016）指出旅游企业背景下劳资冲突的发生机制；耿欣（2014）提出转型时期我国非公有制企业劳资冲突发生机制。

（3）基于劳资共同视角的群体性劳资冲突形成机制

基于劳资共同视角的群体性劳资冲突形成机制主要体现在

劳资关系相对平衡的演化路径分析和劳资博弈过程中的演化路径两方面。

许清清（2015）进行了劳资关系相对平衡的演化路径分析，展现了两条演化路径，具体如图 2-12 所示。

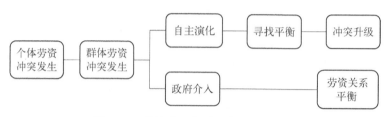

图 2-12　劳资关系相对平衡的演化机理

胡楠（2016）阐述了劳资博弈过程中的演化路径，具体如图 2-13 所示。

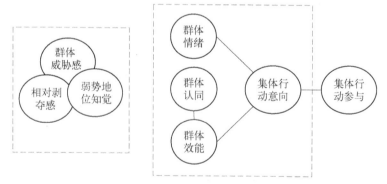

图 2-13　劳资博弈过程中的演化路径

（4）其他群体性劳资冲突形成机制

其他群体性劳资冲突形成机制主要体现在基于自组织理论的群体性劳资冲突事件的演化、非常规群体性突发事件演化机理、新媒体时代环境下群体性事件的演化机制、群体性事件的动力机制和网络集体行动机制等方面。刘冰（2013）阐明基于自组织理论的群体性劳资冲突事件的演化；白淑英（2014）提出网络影响下的集体行动机制；王玉梅（2015）群体性劳资冲突事件的演化机理如下：劳动关系紧张程度→导火线或偶发事件→利益直接相关者的组织策划→企业采取相应策略→第三方介入者采取策略→群体性劳资冲突表现；卓四清（2016）提出新媒体时代环境背景下的群体性事件演化机制。

4. 群体性劳资冲突的预防与规制

群体性劳资冲突的预防与规制，根据研究内容主要分为两类：群体性劳资冲突的预控措施和群体性劳资冲突的规制措施。

（1）群体性劳资冲突的预控措施

具体研究主题和代表作者及年份，如表 2-12 所示。

表 2-12 群体性劳资冲突的预控措施

群体性劳资冲突的预防措施	政府层面	加强有关法律和制度的建设（杨正喜，2007；韦长伟，2011；王晓雨，2012；岳经纶，2013；席猛，2013；刘健西，2013；向长艳，2014；熊新发，2016；李艳霞，2016；等）
		加强政策执行（王琳，2011；刘泰洪，2011；韩春，2012；季芳，2013；王明亮，2013；常凯，2013；刘剑，2014；王也，2015；张玉娇，2016；等）
		发挥电子政务积极作用，推进电子化政府建设（金红梅，2016；焦雯婷，2016；等）
	企业层面	树立"以人为本"管理理念（任庆祥，2010；黄光亮，2011；何勤，2012；孙波，2014；等）
		构建合理的利益分享机制（徐峰，2013；卞永峰，2014；范丽娜，2015；等）

(续表)

群体性劳资冲突的预防措施	企业层面	建立科学的人力资源开发体系（冯筱才，2013；季杨，2014；杨红英，2016；等）
		保证职工利益表达诉求渠道畅通无阻（朱福林，2012；李恩平，2013；余婉文，2014；王越乙，2014；王琳，2015；周琳，2016；等）
	工会层面	工会推进内部建设与发展（谢玉华，2011；雷晓天2013；刘瑛，2013；孟泉，2014；成宵霞，2015；姚仰生，2016；甘春华，2016；等）
		工会外部协调沟通（田春苗，2012；刘金祥，2013；朱平利，2014；温松，2015；杨涛，2016；等）
	员工层面	员工代表充分发挥作用（陈微波，2013等）
		提高员工的利益表达能力（王若晶，2013等）
		员工积极提升自身人力资源质量（李婧斐，2009；孙霄汉，2011；吕志科，2012；等）
		员工参与企业管理（邵晓寅，2003；赖小乐，2016；等）

群体性劳资冲突的预控措施主要体现在政府、企业、工会和员工四个层面。

政府层面。加强有关法律和制度的建设，如席猛（2013）提出在制造业企业建立并推行集体协商制度，特别是工资集体协商制度，加强劳资双方行为的规范；加强政策执行，如刘泰洪（2011）指出积极应对市场失灵，及时启动政府干预，强化多元、民主、合作的公共治理模式；常凯（2013）指出提升公共组织人员的专业化水准；焦雯婷（2016）指出发挥电子政务积极作用，推进电子化政府建设。

企业层面。树立"以人为本"管理理念，如何勤（2012）指出努力增强人文关怀，从员工角度出发，使员工时刻有被关注、被尊重的感觉；范丽娜（2015）提出构建合理的利益分享机制；季杨（2014）指出建立科学的人力资源开发体系，提高员工参与企业管理的水平等；保证职工的利益表达诉求渠道能够畅通无阻，如周琳（2016）提出高度关注一线劳动者劳动收入，建立健全企业工资集体协商机制，积极应对因企业管理人员变化所带来的客观影响等。

工会层面。工会推进内部建设与发展，如孟泉（2014）提出首先要加强工会依法组建，明确工会法律责任；其次探索工会主席直选，积极推动工会改革，促进工会制度科学化；最后充分利用现代信息技术，推动工会深入员工。工会外部协调沟通，如刘金祥（2013）指出首先搭建劳资沟通平台，力争把矛盾消灭在萌芽状态，促使基层化解矛盾，发挥第一道防线作用，应用"预警、协调、处置"三大工作机制，确保矛盾及时化解。

员工层面。王若晶（2013）提出建立员工参与系统，发挥工会的协调作用，改善劳资关系；陈微波（2013）提出使员工的利益表达能力得到提高，对雇主的利益表达行为进行规范，对工会的利益表达载体功能进行强化；员工积极提升自身人力资源质量，如吕志科（2012）提出提高农民工素质与加强农民工的职业培训，赖小乐（2016）提出鼓励员工参与企业管理。

（2）群体性劳资冲突的规制

具体研究主题和代表作者及年份，如表 2-13 所示。

表 2-13 群体性劳资冲突的规制措施

群体性劳资冲突的规制措施	政府层面	第一时间介入，积极斡旋（王若晶，2013；王立京，2014；金博文，2015；等）
		搭建平台，引导协商，促使劳资双方有效沟通（刘泰洪，2012；谢玉华，2015；冯珣，2016；等）
		调解争议，化解冲突，做好调解员角色（周艳云，2011；孟泉，2014；李伶俐，2015；汪佳音，2016；等）

(续表)

群体性劳资冲突的规制措施	企业层面	迅速反应，了解详情，稳定局势，化解矛盾（刘湘国，2008；季洁，2012；刘春梅，2013；王茹洁，2014；丁夏炎，2015；等）
		强化企业精神以及企业责任（杨正喜，2007；王维，2011；周斌，2012；胡清华，2014；周琳，2016；等）
		注重员工的情绪反复及心理安抚和信任修复（孟泉，2010；常凯，2012；吴江秋，2013；袁凌，2015；等）
	工会层面	明确各级工会职责（丁建安，2011；蔡健晖，2012；施志刚，2013；陈伟光，2014；王黎黎，2015；吴斌，2016；等）
		指明工会任务（乔健，2009；王君玲，2009；吴清军，2010；闻效仪，2011；刘泰洪，2011；李春立，2011；曹静，2011；陆明，2012；谢玉华，2012；石晓天，2012；杨正喜，2012；杨成湘，2013；高艳辉，2013；朱倩倩，2013；孟泉，2015；王同信，2015；等）
	媒体社会层面	媒体监督有度（陈万志，2005；季洁，2012；赵慧祎，2015；吴麟，2015；等）
		社会力量协同治理（王毅华，2006；王娟，2009；吴清军，2010；汤乃慧，2011；赵曙明，2012；陈仁涛，2013；严波，2013；甘春华，2016；刘泰洪，2016；等）

群体性劳资冲突的规制措施主要体现在政府、企业、工会及媒体四个层面。

政府层面。地方政府应第一时间介入、积极斡旋，如金博文（2015）提出地方政府应在最快的时间内稳定各方情绪，平复现场争端，将冲突降到最低；搭建平台、引导协商，如谢玉华（2015）提出促使劳资双方有效沟通，尽快解决矛盾，降低劳资双方的损失；调解争议、化解冲突，做好调解员角色，如路军（2013）提出政府应兼顾各方利益，积极调解，尽快平息事件。

企业层面。稳定局势、化解矛盾，如丁夏炎（2015）提出迅速反应，了解详情，稳定局势、化解矛盾；强化企业精神以及企业责任，胡清华（2014）认为冲突发生后企业应关心爱护员工，积极解决矛盾；注重员工的情绪反复及心理的安抚和信任修复，如袁凌（2015）提出认真总结反思，注重员工的情绪反复及心理的安抚和信任修复等问题，防止冲突的再发生。

工会层面。主要做法有以下两点：指明工会任务和明确各级工会职责。如高艳辉（2013）指明第一时间到达现场，迅速组织力量控制现场局面，充分听取各方意见，有效组织劳资双方协商对话，促进劳资双方协议的达成，积极组织员工复工，防范连锁反应发生，认真总结经验教训，防止冲突再发生；吴斌（2016）指出全国总工会应制定规划、监督推进，地方工会应配合统筹、指导参与，企业工会应组织协调、推进协商。

媒体层面。媒体监督有度，如吴麟（2015）阐明各媒体要认清自己的责任，本着客观公正的立场，规范自己的言行和报道，如实传递事件的进展，帮助有关部门及时采取措施解决问题；社会力量协同治理，构建多元调处机制，如赵曙明（2012）阐述了发挥非政府组织在劳动关系中的调解作用。

第四节　评　价

一、研究成果丰富

综上所述，群体性劳资冲突日益成为学界关注的热点，是一个极具发展前景的研究领域。随着群体性劳资冲突事件的增加，推动了学者对群体性劳资冲突的研究，涌现了许多成果，具体表现在以下几方面。

1. 研究成果逐步丰富和研究能力逐步提高

群体性劳资冲突研究已经形成相对稳定的科研合作群体，如杨正喜、陈微波、杨洪泰等学者成果相对较多，研究能力和相互间合作能力在不断提升。在研究成果方面不仅仅表现为发文数量增多，还体现了研究机构分布、作者分布以及期刊分布呈现多样化发展趋势以及对最新前沿的关注。

2. 研究热点呈现渐次多元化的变化趋势

通过对文献进行逐一阅读分析，结合 CiteSpace 工具的可视化图谱，将群体性劳资冲突的研究成果分为特征、原因、形成机制和预防与规制措施。虽然研究主题的种类相对集中，但研究热点呈现多元化，一些实践和理论中的热点问题渐渐被学者们所关注，这对国内群体性劳资冲突研究的发展具有重要现实指导意义。

不仅如此，学者对国内群体性劳资冲突的渐热研究促进了各界学者的相互探讨，还有作者与其他机构的合作情况也在渐渐增多，据前文分析可知中国人民大学劳动人事学院发文量较高，这些研究开辟了国内群体性劳资冲突领域的蓝海。

二、研究不足与展望

1. 群体性劳资冲突研究的不足

（1）嬗变机理研究不足

经文献梳理发现，目前分阶段构建群体性劳资冲突嬗变机理的研究十分匮乏,而学者们大多基于某一视角进行研究,整体缺乏整合性,尚待充分揭示群体性劳资冲突的嬗变机理。

(2) 基于中国特色的理论分析框架研究不足

群体性劳资冲突的研究理论呈现出"多而杂、繁而乱"的特点,缺少整体理论架构的研究,具有国内特色理论架构的研究更为稀少。现有的理论研究大多数以西方理论为基础,广泛应用公共管理理论、需求层次理论等。

(3) 研究方法不足

经文献梳理发现,目前学者主要运用文献分析法(王玉梅,2014;乔芬,2016;等)、案例研究法(胡渊,2009;方乐,2015;白艳莉,2015;张玲玲,2016;等)、访谈法(梅琼,2009;王环,2014;黄万根,2016;等)和问卷法等研究国内群体性劳资冲突。囿于获取资料的有限性和难获得性,学者运用扎根理论方法分析群体性劳资冲突的研究较少。

2. 群体性劳资冲突研究的展望

(1) 增强群体性劳资冲突嬗变机理的研究

经330篇文献梳理发现,目前只有23篇论文研究了群体性劳资冲突的演化机制,且研究呈现少而杂的特点,未来可加强对嬗变机理的深入研究,例如按事件的发展阶段研究不同阶段群体性劳资冲突的嬗变。

(2) 促进群体性劳资冲突的实践需求与理论研究的融合

很多研究人员对当前的劳资关系、企业群体性劳资冲突实际情况并不了解,很多研究问题仅仅是依据文献提出来的,最后又再一次回到了文献中去,研究成果缺乏一定的社会影响和对实践的有效指导作用。学者可加强与其他各个领域中领军学者的交流与沟通，全面细致地了解当前中国社会最突出、最典型以及最关心的劳资冲突相关问题，注意从实践当中提炼研究话题，并通过高水平的研究来反馈实践，将群体性劳资冲突的理论研究与实践有效融合起来。

(3) 研究方法呈多元性发展

目前学者主要运用文献分析法、案例研究法、访谈法等研究国内群体性劳资冲突。随着经济市场的发展，劳资市场的失衡及劳资矛盾的增加，企业中的案例资料增多，这就为学者提供了丰富的素材，在这样有利的条件下访谈法、扎根理论研究法便可运用到研究中。未来仍需要在研究方法的多元化上有所创新，可借鉴其他领域研究方法，使学术研究中有更多具有中国特色的元素产生。

(4) 借鉴先进管理经验，构建群体性劳资冲突协调机制

随着经济的不断发展，劳资矛盾的增加，越来越多的企业发生群体性劳资冲突事件，因此，学者们应借鉴企业、政府和工会先进的管理经验，构建群体性劳资冲突的协调机制。

本章小结

本章对群体性劳资冲突的相关理论、国外综述以及国内综述进行系统梳理。

第一，简要介绍冲突理论演进，详细分析的重要相关理论有勒庞的集体心智理论、布鲁默的循环反应理论、格尔的相对剥夺理论和齐美尔的冲突理论。

第二，国外学者主要从群体性劳资冲突的原因、特征、影响以及解决对策进行了深入的研究。具体来说，从外部因素和内部因素两方面研究群体性劳资冲突的产生原因；从信息不对称性、差异性、周期性、自发性、原因多样性等研究群体性劳资冲突的特征；从经济、企业、政府、教育、生活、工会以及媒体等方面研究群体性劳资冲突造成的影响；从企业、政府、工会等层面研究群体性劳资冲突的解决对策。

第三，以 CNKI 期刊库从 1999—2016 年发表的群体性劳资冲突论文作为数据来源，本书采用文献计量法，借鉴 CiteSpace 工具进行关键词分析、作者合作分析和作者—关键词耦合分析，用可视化知识图谱展现出国内群体性劳资冲突研究的时间和空间分布特征以及演进脉络。通过 CiteSpace 进行可视化分析，发现从时间序列上的文献分布、高产机构分布、作者分布、期刊分布等特点，细分为了多个热点研究主题；其中研究热点呈现出渐次多元化的变化趋势，刻画了中国群体性劳资冲突研究的新特点和新趋向，提出了未来可追踪分析的最新前沿问题。

第三章

群体性劳资冲突酝酿阶段的嬗变机理

本章运用访谈法和扎根理论方法从研究目的、研究设计、研究过程和研究结果与讨论四部分研究群体性劳资冲突酝酿阶段 B-SPB 嬗变机理。第一，研究目的为：通过构建群体性劳资冲突酝酿阶段 B-SPB 嬗变机理的理论模型，为预防群体性劳资冲突的发生提供支持。第二，研究设计主要从研究对象、扎根理论的研究方法、研究工具和编码的信效度分析四部分进行研究。其中研究对象为酝酿阶段群体性劳资冲突事件的相关资料，研究工具运用的是 Nvivo11 Plus。第三，运用扎根理论的研究方法对群体性劳资冲突事件的相关资料（编码资料来源见第一章导论）进行开放式编码、主轴编码和选择性编码。经过研究发现，共得到经济因素、管理粗暴、职业病等 24 个开放式编码，经过进一步的分类，共归纳内部因素、外部因素、分散的个体不满、个体相对剥夺感上升、无意识的群体不满、个体分散的抱怨、非正式网络互动、初级无意识层面的共同抱怨八个主轴编码，再进一步归纳总结，提炼出刺激因素、员工心理变化和员工行为三个选择性编码。最后，围绕"刺激因素→员工心理变化→员工行为"这一故事线，揭示群体性劳资冲突酝酿阶段 B-SPB 嬗变机理模型。

本章的逻辑架构图如图 3-1 所示。

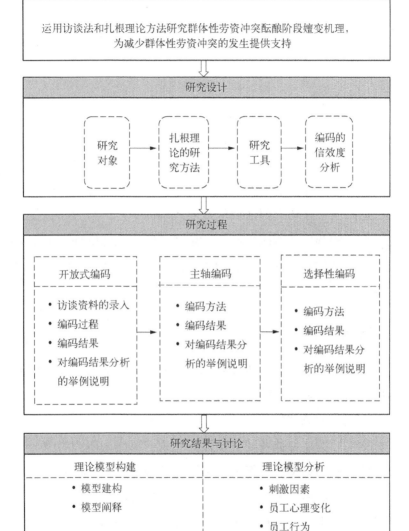

图 3-1　群体性劳资冲突酝酿阶段嬗变机理逻辑架构图

第一节　研究目的和设计

一、研究目的

本章主要运用访谈法和扎根理论方法研究群体性劳资冲突酝酿阶段嬗变机理。首先，整理酝酿阶段的访谈资料；然后，对群体性劳资冲突事件的相关资料（编码资料来源见第一章导论）运用逐字逐句编码法提取开放式编码，进一步分析、提炼主轴编码和选择性编码；最后，总结了群体性劳资冲突酝酿阶段嬗变机理的理论模型，为预防群体性劳资冲突的发生提供支持。

二、研究设计

本章的研究设计由研究对象、研究方法、研究工具、数据的搜集与整理和编码的信效度分析构成。

1. 研究对象

本书以群体性劳资冲突事件的相关资料作为研究对象，将群体性劳资冲突事件的相关资料分为酝酿阶段案例材料、发展阶段案例材料和平息阶段案例材料。酝酿阶段案例材料命名为材料1、材料2、材料3、材料4、材料5……材料25。

2. 扎根理论的研究方法

扎根理论（Grounded Theory）的两位创立者分别为芝加

哥大学的社会学家巴尼·格拉泽（Barney Glaser）与哥伦比亚大学的社会学家安瑟伦·斯特劳斯（Anselm Strauss）。扎根理论是一种以经验资料为基石，以某一现象为对象，通过系统方法论进行发展、归纳进而构建理论的定性研究方法。

扎根理论具体的研究流程如图 3-2 所示。

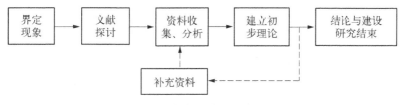

图 3-2　扎根理论研究流程图

3. 研究工具

借助由 QSR 开发的 Nvivo11 Plus 软件对研究资料进行定性分析。Nvivo11 Plus 主要是通过其复杂的工作区对大量的文本信息、多媒体信息进行处理，确保研究人员对数据进行规范、系统性的处理。Nvivo11 Plus 具备非常强大的编码功能，工作区可以建立许多节点，即用以归纳编码资料的编码容器。研究人员在节点处存放其获得的有关资料并从中发现规律、模式以及想法。所以，编码是指按照一定的标准，如题目、主题、案例等进行研究材料的搜集，而节点有助于资料的整理，是编码过程中必不可少的。

4. 编码的信效度分析

（1）编码的信度分析

为了确保编码数据的一致性，首先要检验节点编码结果的信度,然后才可以进行数据分析。同意度百分比与K系数是Nvivo中对一般编码进行信度分析的方法。其中,同意度百分比(信度)=相互同意的编码数量/(相互同意的编码数量+相互不同意的编码数量)。同意度百分比既可以采用两个研究人员各自的编码结果进行比较,也可以是同一个研究人员在不同时间段内对材料进行的两次编码结果进行比较。通常而言,如果同意度百分比低于70%时,则代表两次编码结果的一致性较低。本书选用第一种方法,即通过比较两个不同的研究人员对材料的编码结果判断编码数据的一致性。

选择导航列的"查询"菜单,弹出项目列表窗口,单击右键,然后选择"编码比较",继而弹出"编码比较查询"窗口。在用户组A中选择并添加上第一位编码研究者,同理,用户组B选择并添加上第二位编码研究者,在"位置"处选择所有节点,"作用域"添加材料1。

需要注意的是,结果中同意度百分比100%指的是在该材料中两个研究者都没有编码。对材料1所有节点两次编码的同意度百分比均在75%以上,说明两位研究者对材料1的编码的一致性较高。

(2)编码的效度分析

Lincoln与Guba指出质性研究成果的行动意义非常重要,因此,质性研究注重研究人员的自我反省与自觉性。Lincoln将质性研究中的效度原则替换成了"值得信任"(trustworthiness)的原则,摒弃了实证主义的信度、效度原则。

在质性研究中，所谓"效度"是指研究结果与结果之外的部分，诸如研究者、研究目的、研究对象、研究方法以及研究情境等，之间的一种"关系"，也就是"一致性"。质性研究要求多重性的效度，质性研究不易获得较好的外部效度，但必须保证严格的内部效度。效度在质的研究与量的研究中是有差别的，测查研究结果实质上等同于检验整个研究过程。

本书检验效度采取的是原始资料佐证法，即利用研究中搜集到的大量的丰富原始资料充当论证研究结果的重要依据，从而使研究结论的效度得到提高。研究人员可以参照原始资料检验自己的研究结论，将与原始资料最契合的结论挑选出来。

第二节 研究过程

一、开放式编码

开放式编码即一级编码，编码过程为按照某种新的方式对获取的资料进行重新定义，并将所得的新概念重新组合。研究人员要注意保持开放的心态进行材料处理与重新编码，悬置理论假设与个人主观臆想，尽可能准确地挖掘资料中的概念或概念的属性、维度。编码初期要求研究人员逐字逐句对大量的宽泛的资料进行编码，逐步缩小编码范围至编码饱和。具体而言，研究人员通过对资料内容的细致分析，挖掘资料中与研究主题相关的词句。"逐字逐句分析"方法确保了编码过程包括了全部的访谈记录，避免重要信息的遗漏。研究者在研读资料时，遇到一个具有新含义的意义单元或重复出现的意义单元，都要进行一次编码，并且将相应的概念范畴记录在编码器上。值得一提的是，意义单元即"意义"，而非"句子"，因此，一句多义在编码过程中不可避免，比如"生产环境很糟糕，工伤、职业病频发，甚至经常发生火灾之类的重大职业灾害"就蕴含了"工伤频发"与"环境因素"两层含义，因此这个句子就有两个意义单元的码号。

1. 资料的录入

在利用 Nvivo11 Plus 进行分析时，首先在打开的软件中建立新项目"群体性劳资冲突酝酿阶段演化机理"；其次将整理成 doc 格式的案例以内部资料的形式导入。导入的具体操作步骤：单击"数据"—"创建"，选择要导入的文档，点击打开即可。

2. 编码过程

（1）编码方法

开放式编码是通过分析软件建立自由节点完成的。本书对收集到的材料进行逐字分析，每当发现一个意义单元便建立一个自由节点，并赋予其一个全新的概念，即初始概念。赋予新概念的过程即概念化，也就是将收集到的资料划分成不同的独立成分，如事件、事例、想法或行动，并给予每个成分相应的名称。新名称的最佳来源便是访谈过程中的话语，尤其是可以用作初始概念的访谈对象的原话，即所谓的本土概念。像"法律因素""管理粗暴""经济因素""工伤频发""反映诉求无回应""环境因素""离职"等。

下面的材料内容节选自案例材料,附注在句子或词组后面的括号中的名称即为本书给出的初始概念。部分举例如下:

车间一级领导中,管事的一般是副主管,经常当众责骂员工,他和组长一样喜欢挑出次品,故意刁难员工。(管理粗暴)

工厂为了追逐利润,漠视员工健康。(管理粗暴)

许多企业没有职工宿舍,员工要租房住,房价高,只能多人挤一屋,有的十多人住一屋,睡双层铺,有的两人睡一床,拥挤不堪,阴暗潮湿。(生活条件差)

当时厂里有三排女工宿舍,两排男工宿舍,一排大约有十多间,是铁皮屋顶的平房,夏天很热。大部分员工都在厂里住,有家的就在外面租房。宿舍不用交钱,没人管理,可以自由调换宿舍。非本厂的人,借厂服和厂牌就可以混进厂里去住。(生活条件差)

当时很多亲戚外出做建筑,爸爸就跟一些亲戚和老乡去修路,结果遇到金融危机,做了一年没拿到钱。(经济因素)

上班很累,我们会故意搞小动作。例如有时偷偷把饭端到车间去吃,故意搞些油盐在产品上,产品沾到盐容易生锈。我们打包装时还会在里面放垃圾、瓜子壳、头发等。如果马达里面有头发,转的时候会有火花。这样做主要是一种发泄。(故意搞小动作)

员工之间很少有时间交流。早上8点之前要到车间,下午5点前下班。一个月26天制。名义上周末自愿加班,实际上星期天大部分时间都要加班。员工没有时间逛街、聚餐,很多

员工离职。(离职)

仓库里我那个工作区是最热闹的。没事的时候,大家都到我那儿去听法律方面的东西。拉货的和仓库的,除了主管,都会去我那儿。拉货的每条生产线有一个人,总共大约有十几个。(同事关系互动)

(2) 编码步骤

运用 Nvivo11 Plus 软件对其内部材料进行编码,在 Nvivo11 Plus 软件中编码的具体操作如下。先双击要编码的内部材料,其次选中要编码的句子,最后右击选择编码,根据句子建立节点。

3. 编码结果

运用 Nvivo11 Plus 进行开放式编码,在酝酿阶段中,共从资料中抽象出"反映诉求无回应""工作心不在焉""上班窃窃私语"等24个节点,共187个参考点。节点编码结果可以在完成编码后的节点中查看,节点后面的参考点的个数代表了此节点被编码的次数,如节点"地缘关系互动"有5个参考点,表明该节点共进行了5次编码。节点"工资待遇低"共有56个参考点,是编码次数最多的节点(见表3-1)。

表3-1 酝酿阶段开放式编码部分示例

范畴 (24个)	代表性原始语句 (初始概念) 编码举例
经济因素	1. 经济得到了高速的发展,外资大量涌入,对廉价劳动力的需求也不断增加 2. 经济危机或不景气时期,老板关厂和逃逸的事件更是频繁 3. 物价涨幅高,加薪幅度低 4. 加薪的速度太慢了,完全赶不上不断上升的物价

(续表)

范畴（24个）	代表性原始语句（初始概念）编码举例
法律因素	政府有一系列法律，如《劳动合同法》和《劳动争议调解仲裁法》等
环境因素	1. 主要缘由是工厂倒闭、破产、迁厂，或老板逃逸 2. 珠三角的工作机会相对充足，开除或辞工对员工来说代价不算很大
管理粗暴	1. 工厂为了追逐利润，漠视员工健康 2. 管理粗暴，打骂员工的现象普遍 3. 有的管理人员在上班时间打骂员工 4. 主要是那个班长挺霸道蛮横，跟员工说要做就做，不做就走 5. 管理层经常骂人，骂完还要求员工道歉 6. 车间一级领导中，管事的一般是副主管，经常当众责骂员工，他和组长一样喜欢挑出次品，故意刁难员工 7. 如果有员工不听话，可以尽量罚款，罚得他们一毛都没有
工资待遇低	1. 这些厂工作累，待遇差，无保障 2. 工资低，实行计件或包月制，克扣、拖欠工资是家常便饭 3. 仍然有很多中小规模的工厂，甚至没有按照当地最低工资标准支付劳动报酬 4. 第三是扣底薪，减底薪再计算加班工资，底薪减掉一部分，然后整个工资都会少很多 5. 我嫌工资太低，不忙的时候，我跑到仓库就睡觉，一睡就睡到晚上十点 6. 克扣员工工资啊，动不动就罚款啊，厂规厂矩也极为不合理。生产线员工，一是辛苦；二是有严格的产量规定，达不到的话扣你钱；还有出现减底薪的——比如你这个月没有上够22天班，不管是工厂的原因还是什么，先减了你的底薪再来计算加班工资
工伤频发	1. 该厂有过一个工伤，一名30多岁的男工，气压爆炸时，把脸烧伤了 2. 当时一个朋友的食指两节被切断，治好了，老板只给了一两千的营养费，朋友就回家了
职业病	生产环境很糟糕，工伤、职业病频发
生活条件差	1. 吃的东西一点油都没有，住的是集体宿舍，在一个很大的房间里打通铺 2. 我们三排宿舍共有七八个厕所，冲凉也在里面。因为晚上很挤，要分拨去。而且上了一整天班后，累得不想动了，所以有的人下午吃饭时去冲凉，冲凉完毕已经没时间吃饭了 3. 当时伙食状况很差，经常吃饭吃到虫子。我有一次吃到一条虫子，苦苦的，以后就不愿意再去食堂吃饭了。可是吃了3天泡面，实在吃不下去了，还得去食堂吃

(续表)

范畴（24个）	代表性原始语句（初始概念）编码举例
反映诉求无回应	1. 员工早在春节就提出了多项要求，但企业并无积极回应 2. 以前曾经尝试过用别的方式表达不满，例如写意见投进意见箱，但不起作用 3. 多次投诉没有得到满意的答复
故意搞小动作	上班很累，我们会故意搞小动作。例如有时偷偷把饭端到车间去吃，故意搞些油盐在产品上，产品沾到盐容易生锈。我们打包装时还会在里面放垃圾、瓜子壳、头发等。如果马达里面有头发，转的时候会有火花。这样做主要是一种发泄
工作心不在焉	大家都没心情工作，做事的效率非常低，且一边做，一边讨论停工的事情
员工故意不完成规定产量	厂里发了一个通知，规定新的产量定额，如果完不成，就不给安排加班。而那个产量标准是大多数员工完不成并且不能接受的。如果按照新的规定，意味着很多员工将没有班加，拿不到占工资比例一大半的加班费；或者员工更加拼命地提高做工速度，并且免费加班达到产量。大家都无心做事，有的还故意拖延，推迟完成时间
工资待遇差距大	我们拿到的工资很少，但是管理人员的收入是我们的好几倍。更直接的不满就是工资涨幅的问题。当时的工资涨幅还有级别之差，不同级别的不一样，加幅也不同
员工待遇和企业利润不匹配	尽管企业员工待遇相对较好，但与企业的较高利润相比，易于激发员工的不公平感
上班窃窃私语	1. 车间也有人在窃窃私语，只是都没人敢跟着去，因为虽然主管走了，班长和拉长还在那里镇着，楼下还有保安，不敢去 2. 员工们回到车间里上班时，纷纷议论起这件事，接着聊到厂里的其他各种问题 3. 有员工说："如果不满足我们的要求，我们不会进去。"然后大家七嘴八舌提了很多要求，有人说要夜班补贴，有人说工资涨得少，也有人说伙食不好等。要求很多，但不统一。大家想法不一致，唯一一致的就是不上班
宿舍中相互抱怨	1. 晚上在宿舍的时间是很多的，基本上没事做，我们就会在一起抱怨 2. 在宿舍员工都是很不满的，这种情绪可以明显感觉到，但是没有一个员工敢出头
下级对上级的不满	大家普遍觉得组长整天玩还拿那么多钱，我们天天拼死拼活工资还那么低，大家就觉得那些男性管理人员应该被揍一顿，或者搞下去；女性管理人员就被诅咒嫁不出去之类

(续表)

范畴（24 个）	代表性原始语句（初始概念）编码举例
离职	员工之间很少有时间交流。早上8点之前要到车间，下午5点前下班。一个月26天制。名义上周末自愿加班，实际上星期天大部分时间都要加班。员工没有时间逛街、聚餐，很多员工离职
地缘关系互动	1. 消息主要通过短信，首先传播于老乡网络 2. 厂里湖北、河南人最多。我们上班时聊天很猛，八卦、个人经历、各种感受、发生的趣事等，成天说个不停 3. 在员工中有很多"同乡会"
同事关系互动	1. 有一天夜班，五个领班（两男三女），他们几个带头的来找我。我们去办公室谈，当时里面的三四个文员看到了，也想跟我们一起搞 2. 那时候两班倒。文员和领班联手，打印了好多纸条
手机、网络等媒介	1. 手机、网络等媒介的使用，使得员工之间信息交流渠道通畅 2. 由于之前员工联系了媒体，因而地方报纸也过来了，并进行采访报道 3. 时而能看到员工自拍的照片，论坛发言等 4. 互联网和手机的普及，使得员工有更多途径公开表达自己的诉求
工作期间议论纷纷	下班后不会跟同事讨论工作和技术的问题，跟他们一讨论这些，我感到很头大，会特意回避
上班期间耍手段	回厂后他们决定"耍点手段"

酝酿阶段：经济因素编码 12 个参考点，材料来源 8 个，该节点的参考点数量所占比例为 6.42%；法律因素编码 6 个参考点，材料来源 3 个，该节点的参考点数量所占比例为 3.21%；环境因素编码 11 个参考点，材料来源 8 个，该节点的参考点数量所占比例为 5.88%；管理粗暴编码 15 个参考点，材料来源 8 个，该节点的参考点数量所占比例为 8.02%；工资待遇低编码 56 个参考点，材料来源 15 个，该节点的参考点数量所占比例为 29.95%；生活条件差编码 13 个参考点，材料来源 7 个，该节点的参考点数量所占比例为 6.95%；工伤频发编码 9

个参考点，材料来源3个，该节点的参考点数量所占比例为4.81%；职业病已编码3个参考点，材料来源3个，该节点的参考点数量所占比例为1.60%；反映诉求无回应已编码11个参考点，材料来源9个，该节点的参考点数量所占比例为5.88%；故意搞小动作已编码4个参考点，材料来源2个，该节点的参考点数量所占比例为2.14%；工作心不在焉已编码1个参考点，材料来源1个，该节点的参考点数量所占比例为0.53%；员工故意不完成工作产量已编码1个参考点，材料来源1个，该节点的参考点数量所占比例为0.53%；工资待遇差距大已编码1个参考点，材料来源1个，该节点的参考点数量所占比例为0.53%；员工待遇和企业利润不匹配已编码3个参考点，材料来源1个，该节点的参考点数量所占比例为1.60%；上班窃窃私语已编码6个参考点，材料来源5个，该节点的参考点数量所占比例为3.21%；宿舍中相互抱怨已编码2个参考点，材料来源2个，该节点的参考点数量所占比例为1.07%；下级对上级的普遍不满已编码1个参考点，材料来源1个，该节点的参考点数量所占比例为0.53%；离职已编码2个参考点，材料来源2个，该节点的参考点数量所占比例为1.07%；地缘关系互动已编码5个参考点，材料来源3个，该节点的参考点数量所占比例为2.67%；同事关系互动已编码7个参考点，材料来源4个，该节点的参考点数量所占比例为3.74%；手机、网络等媒介已编码7个参考点，材料来源5个，该节点的参考点数量所占比例为3.74%；工作期间议论纷纷已编码4个参考点，材料来源4个，该节点的参考点数量所占比例为2.14%；上班期间耍手段已编码 4 个参考点，材料来源 4 个，该节点的参考点数量所占比例为 2.14%。具体如表 3-2 所示。

表 3-2　开放式编码

开放式编码	材料来源	参考点	参考点数量所占比例
经济因素	8	12	6.42%
法律因素	3	6	3.21%
环境因素	8	11	5.88%
管理粗暴	8	15	8.02%
工资待遇低	15	56	29.95%
生活条件差	7	13	6.95%
工伤频发	3	9	4.81%
职业病	3	3	1.60%
反映诉求无回应	9	11	5.88%
故意搞小动作	2	4	2.14%
工作心不在焉	1	1	0.53%
员工故意不完成规定产量	1	1	0.53%
工资待遇差距大	1	1	0.53%
员工待遇和企业利润不匹配	1	3	1.60%
上班窃窃私语	5	6	3.21%
宿舍中相互抱怨	2	2	1.07%
下级对上级的普遍不满	1	1	0.53%
离职	2	2	1.07%
地缘关系互动	3	5	2.67%
同事关系互动	4	7	3.74%
手机、网络等媒介	5	7	3.74%
工作期间议论纷纷	4	4	2.14%
上班期间耍手段	4	4	2.14%

4. 对开放式编码结果分析的举例说明

主要从关键词检索分析、聚类分析、开放式编码参考点频次和覆盖率和矩阵查询四个方面进行开放式编码结果分析的举例说明。关键词检索分析指的是以某个关键词精确地查询并且可以看到与关键词相联系的前后句子。开放式编码参考点频次和覆盖率指的是在某个案例资料中出现的开放式编码参考点的个数以及覆盖率。矩阵查询是将行和列的项目两两之间进行逻辑比较，并从选择的项目中，搜寻出至少含其中一项见搜寻条件的编码内容。

（1）关键词检索分析

为了检验 25 个内部材料中的材料 11 是否与其工资有关，我们对文本进行关键词检索。以"工资"为关键词精确查询，参考点结果显示：编码 38 个参考点，覆盖率为 0.74%，具体如图 3-3 所示。

（2）聚类分析

聚类分析具体步骤如下所示。

首先选择探索菜单栏下的聚类分析。

接下来选择节点，点击下一步，在聚类依据下选择编码相似性，使用相似性度量下选择 Jaccard 系数。

点击完成，可以选择水平树状图、3D 聚类图、圆形图和 2D 聚类图。

（3）开放式编码参考点频次和覆盖率

开放式编码参考点个数。在统计方面，需要对节点进行频次的统计，形成统计图。本书通过对 25 个内部材料中名为材

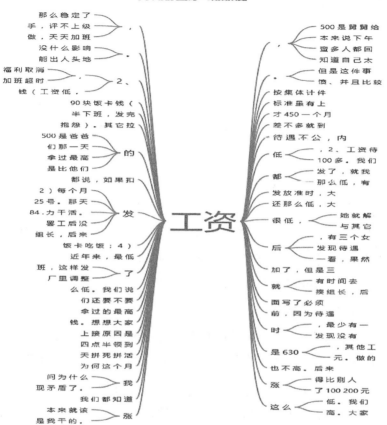

图 3-3 工资-结果预览

料 2 中的开放式编码参考点进行统计。其中,手机、网络等媒介的参考点个数为 3,员工待遇和企业利润不匹配的参考点个数为 3,地缘关系互动的参考点个数为 2,经济因素的参考点个数为 2,管理粗暴的参考点个数为 2,工资待遇低的参考点个数为 2,反映诉求无回应的参考点个数为 2,工作心不在焉的参考点个数为 1，法律因素的参考点个数为 1，生活条件差的参考点个数为 1。

开放式编码覆盖率百分比。在统计方面，需要对节点进行覆盖率的统计，形成统计图。本文通过对 25 个内部材料中名为材料 2 中的开放式编码参考点进行统计。其中，经济因素的覆盖率百分比为 1.63%，员工待遇和企业利润不匹配的覆盖率百分比为 1.46%，工作心不在焉的覆盖率百分比为 1.41%，反映诉求无回应的覆盖率百分比为 1.26%，手机、网络等媒介的覆盖率百分比为 1.17%，工资待遇低的覆盖率百分比为 0.91%，地缘关系互动的覆盖率百分比为 0.88%，管理粗暴的覆盖率百分比为 0.60%，法律因素的覆盖率百分比为 0.44%，生活条件差的覆盖率百分比为 0.21%。

（4）矩阵查询

矩阵编码是借助软件的查询功能完成的，通过两两比较行与列的项目之间的逻辑关系，并从所选的项目中，找到至少含其中一项见搜寻条件的编码内容。在导览视窗中选择查询文件夹，并于弹出的项目列表视窗中单击鼠标右键添加新的矩阵编码查询，在其中选择"添加至项目"，在常规标签中描述并命名该次查询，如此可以确保这种查询方式只需改变参数便可执行。

接着切换到矩阵编码条件标签，在行中选择节点内部因素中的管理粗暴、工资待遇低、工伤频发、职业病、生活条件差和反映诉求无回应，在列中选择节点外部因素中的经济因素、法律因素和环境因素，值得一提的是，选择完成后继续"添加至列表",将行列逻辑比较方式设置为"或"。选择查询选项,则可显示出查询结果,亦可将其作为新矩阵加以保存。

设置完所有参数之后,鼠标于查询名称处右击选择运行查询获取查询结果,即位于导览视窗的"结果"。与关键词搜索或条件编码不同,矩阵编码的结果是通过表格展示出来的,每一个储存格代表行项目与列项目的逻辑比较看法,如表3-3所示,而行列项目比较的结果则通过在相应的储存格中双击鼠标左键便可查看。

表3-3 矩阵编码结果

	A:法律因素	B:环境因素	C:经济因素
1:反映诉求无回应	17	22	23
2:工伤频发	15	19	21
3:工资待遇低	62	67	68
4:管理粗暴	21	26	27
5:生活条件差	19	24	25
6:职业病	9	14	15

借助工具列上的图表将原始资料、节点、属性及查询所得结果以图表形式进行展示。

进行图表的矩阵功能参数设置过程并不复杂,首先,图表项选择通过以上查询条件所得到的结果,内容显示选项选择相应内容诸如编码来源计数,图表显示类型中选择需要的类型,本书选择的是雷达图和3D柱状图,就可以得到矩阵图形。

二、主轴编码

主轴编码就是在开放式编码的基础上,进行概念或范畴的连接与归类的过程。所谓"主轴",指的是研究人员在深度分析某概念并找到与之相关的关系后,继而寻找该概念和其他概念之间的关系,最后,抽取各关系的共同特质所形成的主题命名。

1. 主轴编码方法

内部因素、外部因素、分散的个体不满、个体相对剥夺感上升、无意识的群体不满、个体分散的抱怨、非正式网络互动、初级无意识层面的共同抱怨八个主范畴,把经济因素、法律因素和环境因素归为一类,命名为"外部因素";把管理粗暴、反映诉求无回应、生活条件差、工伤频发、职业病和工资待遇低归为一类,命名为"内部因素";把故意搞小动作、工作心不在焉和员工故意不完成规定产量归为一类,命名为"分散的个体不满";把工人的工资待遇差距大和工人待遇和企业利润不匹配归为一类,命名为"个体相对剥夺感上升";把上班窃窃私语交流、宿舍中相互抱怨和下级对上级的普遍不满归为一类,命名为"个体相对剥夺感上升";把离职归为一类,命名为"个体分散的抱怨";把地缘关系、同事关系互动和手机、网络等媒介的互动归为一类,命名为"非正式关系网络互动";把工作期间议论纷纷和上班期间耍手段归为一类,命名为"初级无意识层面的共同抱怨"。具体如表3-4所示。

表3-4 酝酿阶段主轴编码示例

主 范 畴	对 应 范 畴
外部因素	经济因素
	法律因素
	环境因素

(续表)

主 范 畴	对 应 范 畴
内部因素	管理粗暴
	工资待遇低
	工伤频发
	职业病
	生活条件差
	反映诉求无回应
分散的个体不满	故意搞小动作
	工作心不在焉
	员工故意不完成规定产量
个体相对剥夺感上升	工资待遇差距大
	员工待遇和企业利润不匹配
无意识的群体不满	上班窃窃私语
	宿舍中相互抱怨
	下级对上级的普遍不满
个体分散的抱怨	离职
非正式关系网络互动	地缘关系互动
	同事关系互动
	手机、网络等媒介
初级无意识层面的共同抱怨	工作期间议论纷纷
	上班期间耍手段

2. 主轴编码结果

本书将得到的 24 个开放式编码按其所属层次进行归类，共归纳内部因素、外部因素、分散的个体不满、个体相对剥夺感上升、无意识的群体不满、个体分散的抱怨、非正式关系网络互动、初级无意识层面的共同抱怨八个主范畴，具体如图 3-4 所示。

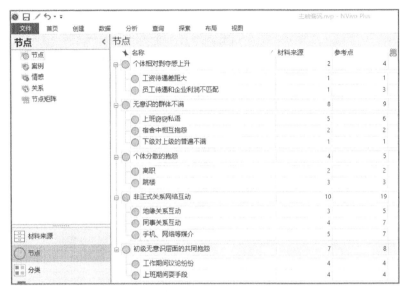

图 3-4　主轴编码示意图

综上所述，外部因素已编码 29 个参考点，材料来源 10 个，开放式编码频次所占的比例为 15.51%；内部因素已编码 107 个参考点，材料来源 18 个，开放式编码频次所占的比例为 57.22%；分散的个体不满已编码 6 个参考点，材料来源 4 个，开放式编码频次所占的比例为 3.21%；个体相对剥夺感上升已编码 4 个参考点，材料来源 2 个，开放式编码频次所占的比例为 2.14%；无意识的群体不满已编码 9 个参考点，材料来源 8 个，开放式编码频次所占的比例为 4.81%；个体分散的抱怨因素已编码 5 个参考点，材料来源 4 个，开放式编码频次所占的比例为 2.67%；非正式关系网络互动已编码 19 个参考点，材料来源 10 个，开放式编码频次所占的比例为 10.16%；初级无意识层面的共同抱怨已编码 8 个参考点，材料来源 7 个，开放式编码频次所占的比例为 4.28%。具体见表 3-5 所示。

表 3-5 主 轴 编 码

主 轴 编 码	材料来源	开放式编码的频次	开放式编码频次所占的比例
外部因素	10	29	15.51%
内部因素	18	107	57.22%
分散的个体不满	4	6	3.21%
个体相对剥夺感上升	2	4	2.14%
无意识的群体不满	8	9	4.81%
个体分散的抱怨	4	5	2.67%
非正式关系网络互动	10	19	10.16%
初级无意识层面的共同抱怨	7	8	4.28%

3. 对主轴编码结果分析的举例说明

（1）主轴编码参考点频次

主轴编码参考点个数。在统计方面，需要对节点进行频次的统计，形成统计图。本书通过对 25 个内部材料中名为材料 3 中的编码参考点进行统计。其中，外部因素的参考点个数为 7，法律因素的参考点个数为 4，内部因素的参考点个数为 4，个体分散的抱怨的参考点个数为 2，环境因素的参考点个数为 2，工资待遇低的参考点个数为 2，离职的参考点个数为 1，手机、网络等媒介的参考点个数为 1，非正式关系网络互动的参考点个数为 1，上班期间耍手段的参考点个数为 1，初级无意识层面的共同抱怨的参考点个数为 1，经济因素的参考点个数为 1，反映诉求无回应的参考点个数为 1，管理粗暴的参考点个数为 1。

(2) 主轴编码覆盖率

主轴编码覆盖率百分比。在统计方面，需要对节点进行覆盖率的统计，形成统计图。本书通过对 25 个内部材料中名为材料 3 中的编码参考点进行统计。其中，外部因素的覆盖率百分比为 10.98%，法律因素的覆盖率百分比为 6.03%，环境因素的覆盖率百分比为 4.26%，个体分散的抱怨的覆盖率百分比为 3.02%，内部因素的覆盖率百分比为 2.58%，手机、网络等媒介的覆盖率百分比为 2.05%，非正式关系网络互动的覆盖率百分比为 2.05%，反映诉求无回应的覆盖率百分比为 1.64%，离职的覆盖率百分比为 1.10%，工资待遇低的覆盖率百分比为 0.73%，上班期间耍手段的覆盖率百分比为 0.69%，初级无意识层面的共同抱怨的覆盖率百分比为 0.69%，经济因素的覆盖率百分比为 0.69%，管理粗暴的覆盖率百分比为 0.21%。

三、选择性编码

选择性编码主要目的是为了发现核心类别。

1. 选择性编码方法

在分析过程中，选择性编码既以建立的树节点为基础，以定义关系为纽带，连接核心概念与范畴，又对各节点之间的关系、节点与项目之间的关系进行更深入的探讨。具体而言，通过综合分析从材料中抽取的全部概念范畴找出核心范畴，该核心范畴即归纳、总结全部已知概念类别而得。核心范畴是研究主题的代表，具有引领研究工作的作用，并且将核心范畴与其他范畴连接在一起可以进行关系陈述，从而系统地对研究进行解释说明。所以，核心范畴成了研究过程中普遍且重要的一种现象，它可以将大部分研究结论归结到一个相对宽泛的理论范围中，继而反复对比概念、进行理论抽样，不断将概念的抽象层次进行提升，最后抽象出一个具有较高抽象度、较强包含性的概念，即核心范畴。

本书从"外部因素"和"内部因素"抽象出"刺激因素"这个核心范畴，从"分散的个体不满""个体相对剥夺感上升"和"无意识的群体不满"抽象出"员工心理变化"这个核心范畴，从"个体分散的抱怨""非正式网络互动"和"初级无意识层面的共同抱怨"抽象出"员工行为"这个核心范畴，具体如表3-6所示。

表3-6 酝酿阶段选择性编码示例

核心范畴	主范畴	对应范畴
刺激因素	外部因素	经济因素
		法律因素
		环境因素
	内部因素	管理粗暴
		工资待遇低
		工伤频发
		职业病
		生活条件差
		反映诉求无回应

(续表)

核心范畴	主范畴	对应范畴
员工心理变化	分散的个体不满	故意搞小动作
		工作心不在焉
		员工故意不完成规定产量
	个体相对剥夺感上升	工资待遇差距大
		员工待遇和企业利润不匹配
	无意识的群体不满	上班窃窃私语
		宿舍中相互抱怨
		下级对上级的普遍不满
员工行为	个体分散的抱怨	离职
	非正式关系网络互动	地缘关系互动
		同事关系互动
		手机、网络等媒介
	初级无意识层面的共同抱怨	工作期间议论纷纷
		上班期间要手段

2. 选择性编码结果

通过对群体性劳资冲突事件的相关资料抽象出的经济因素、法律因素、环境因素、管理粗暴、工资待遇低、工伤频发、职业病、生活条件差、反映诉求无回应、故意搞小动作、工作心不在焉、员工故意不完成规定产量、工资待遇差距大、员工待遇和企业利润不匹配、上班窃窃私语、宿舍中相互抱怨、下级对上级的普遍不满、离职、地缘关系互动、同事关系互动、手机网络等媒介、工作期间议论纷纷、上班期间要手段等 24 个开放式编码的继续剖析和外部因素、内部因素、分散的个体不满、个体相对剥夺感上升、无意识的群体不满、个体分散的抱怨、非正式关系网络互动、初级无意识层面的共同抱怨等八个主范畴的深入分析,在与原始资料比较互动的基础上,本书提炼出"刺激因素""员工心理变化"和"员工行为"三个核心范畴。围绕这三个核心范畴,将故事线概括为:刺激因素→员工心理变化→员工行为,具体如图3-5和图3-6所示。

图3-5 选择性编码示意图

综上所述,选择性编码刺激因素包括外部因素和内部因素,其中外部因素已编码29个参考点,材料来源10个,开放式编码频次所占的比例为15.51%;内部因素已编码107个参考点,材料来源18个,开放式编码频次所占的比例为57.22%。选择性编码员工心理变化包括分散的个体不满、个体相对剥夺感上升和无意识的群体不满,其中分散的个体不满已编码6个参考点,材料来源4个,开放式编码频次所占

图 3-6 选择性编码示意图

的比例为 3.21%;个体相对剥夺感上升已编码 4 个参考点,材料来源 2 个,开放式编码频次所占的比例为 2.14%;无意识的群体不满已编码 9 个参考点,材料来源 8 个,开放式编码频次所占的比例为 4.81%。选择性编码员工行为包括个体分散的抱怨、非正式关系网络互动和初级无意识层面的共同抱怨,其中个体分散的抱怨因素已编码 5 个参考点,材料来源 4 个,开放式编码频次所占的比例为 2.67%;非正式关系网络互动已编码 19 个参考点,材料来源 10 个,开放式编码频次所占的比例为10.16%;初级无意识层面的共同抱怨已编码 8 个参考点,材料来源 7 个,开放式编码频次所占的比例为 4.28%。具体见表 3-7。

表 3-7 选择性编码

选择性编码	主轴编码	材料来源	开放式编码的频次	开放式编码频次所占的比例
刺激因素	外部因素	10	29	15.51%
	内部因素	18	107	57.22%
员工心理变化	分散的个体不满	4	6	3.21%
	个体相对剥夺感上升	2	4	2.14%
	无意识的群体不满	8	9	4.81%
员工行为	个体分散的抱怨	4	5	2.67%
	非正式关系网络互动	10	19	10.16%
	初级无意识层面的共同抱怨	7	8	4.28%

3. 对选择性编码结果分析的举例说明

(1) 选择性编码参考点频次

在统计方面，需要对节点进行频次的统计，形成统计图。本书通过对 25 个内部材料中名为材料 16 中的编码参考点进行统计。其中，刺激因素的参考点个数为 4，员工心理变化的参考点个数为 4，工资待遇低的参考点个数为 3，内部因素的参考点个数为 3，员工行为的参考点个数为 3，故意搞小动作的参考点个数为 3，分散的个体不满的参考点个数为 3，同事关系互动的参考点个数为 2，非正式关系网络互动的参考点个数为 2，环境因素的参考点个数为 1，外部因素的参考点个数为 1，初级无意识层面的共同抱怨的参考点个数为 1，工作期间议论纷纷的参考点个数为 1，宿舍中相互抱怨的参考点个数为 1，无意识的群体不满的参考点个数为 1。

（2）选择性编码覆盖率百分比

在统计方面，需要对节点进行覆盖率的统计，形成统计图。本书通过对25个内部材料中名为材料16中的编码参考点进行统计。其中，刺激因素的覆盖率百分比为6.59%，工资待遇低的覆盖率百分比为4.23%，员工心理变化的覆盖率百分比为3.36%，员工行为的覆盖率百分比为3.28%，内部因素的覆盖率百分比为2.99%，同事关系互动的覆盖率百分比为2.73%，非正式关系网络互动的覆盖率百分比为2.73%，故意搞小动作的覆盖率百分比为2.13%，分散的个体不满的覆盖率百分比为2.13%，外部因素的覆盖率百分比为1.33%，宿舍中相互抱怨的覆盖率百分比为1.23%，无意识的群体不满的覆盖率百分比为1.23%，环境因素的覆盖率百分比为0.68%，工作期间议论纷纷的覆盖率百分比为0.55%，初级无意识层面的共同抱怨的覆盖率百分比为0.55%。

四、理论饱和度检验

理论饱和度检验节选如下。

① Q：他们现在上班的时候私下他们都会有一个所谓的像朋友聊天，有人会去讲话，声音大了旁边有听到，就会以讹传讹，以讹传讹就出来了，……他不用去公告或者干嘛，他就在讲话题，就在一边聊，一般就像你我这样聊一个话题的时候，他们就想哎，今年年终好像公司经营状况很好，……好像听说都没有发哎，都没有发年终（上班窃窃私语—无意识的群体不满—员工心理变化）。这一个话题出来之后，后面别人听到了，

你就会去问，一个车间同事很快就传开了（同事关系互动—非正式关系网络互动—员工行为）。

② Q：具体的那个事情的话，是因为前年，就有一些人就像年底，因为我就是讲说，我们年前到底要不要发奖金，总部还没有发通知下来，可是就有一些人去造谣，说公司不给发奖金啊怎么样怎么样，大家都觉得年终奖无希望了（员工反映诉求无回应—内部因素—刺激因素）。但其实是要发的，只是信息还没有公布出来，大家上班的时候就一起议论，传过来传过去就变成不发奖金了，就是一个信息的沟通不良，才会造成这样的一个结果（工作期间议论纷纷—初级无意识层面的共同抱怨—员工行为）。

经过理论饱和度检验，并未发现群体性劳资冲突酝酿阶段有新的概念和范畴，也未发现这些因素间新的关系，因而基于扎根理论下的群体性劳资冲突酝酿阶段的类别和编码是饱和的，结论是可信的。

第三节 研究结果与讨论

研究结果与讨论主要从两方面进行阐述，分别为理论模型构建和理论模型分析。在理论模型构建中，主要从模型建构和模型阐释两方面进行分析。在理论模型分析中，主要从刺激因素、员工心理变化和员工行为三部分进行分析。

一、群体性劳资冲突酝酿阶段嬗变机理的理论模型

1. 模型建构

在"刺激因素→员工心理变化→员工行为"这一故事线的基础上,通过分析群体性劳资冲突酝酿阶段编码结果,揭示了群体性劳资冲突酝酿阶段的 B-SPB 嬗变机理理论模型,其中,"B-"代表酝酿阶段(Brewing state);"S"代表刺激因素(stimulate);"P"代表员工心理变化(psychology);"B"代表员工行为(behavior)。具体如图 3-7 所示。

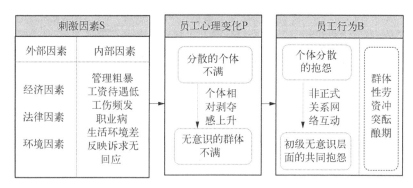

图 3-7 群体性劳资冲突酝酿阶段嬗变机理 B-SPB 模型图

2. 模型阐释

群体性劳资冲突酝酿阶段 B-SPB 的嬗变机理模型阐释为:在外部因素和内部因素的刺激下,受企业管理粗暴、工资待遇低等因素的影响,员工个体相对剥夺感上升,分散的员工个体不满上升为无意识的群体不满;随着员工之间非正式关系网络互动的加强,员工行为由个体分散的抱怨渐渐演变为初级无意

识层面的共同抱怨。

二、群体性劳资冲突酝酿阶段嬗变机理的理论模型分析

本书主要从刺激因素、员工心理变化和员工行为三方面分析群体性劳资冲突酝酿阶段嬗变机理的理论模型。

1. 刺激因素

刺激因素指影响群体性劳资冲突发生的因素。通过上述编码发现，与刺激因素紧密相关的范畴主要有两个："外部因素"和"内部因素"。

（1）外部因素

外部因素指的是影响群体性劳资冲突发生的一些外在的因素，外部因素是我们所不能控制和影响的。本书通过数据资料及分析过程来看，"外部因素"这一二阶概念包括"经济因素""法律因素"和"环境因素"，支持性证据见表3-8。

表3-8 支持二阶概念"外部因素"的证据

经济因素	当时很多亲戚外出做建筑，爸爸就跟一些亲戚和老乡去修路，结果经济不景气，做了一年没拿到钱
法律因素	政府有一系列法律，如《劳动合同法》和《劳动争议调解仲裁法》等
环境因素	珠三角的工作机会相对充足，开除或辞工对员工来说代价不算很大

（2）内部因素

内部因素指的是影响群体性劳资冲突发生的一些内在的因素，这种因素能够在事物主体的作用下发生变化。本书通过数据资料及分析过程来看，"内部因素"这一二阶概念包括"管理粗暴""工资待遇低""工伤频发""职业病""生活条件差"和

"反映诉求无回应",支持性证据见表 3-9。

表 3-9 支持二阶概念"内部因素"的证据

管理粗暴	车间一级领导中,管事的一般是副主管,经常当众责骂员工,他和组长一样喜欢挑出次品,故意刁难员工
工资待遇低	克扣员工工资啊,动不动就罚款啊,厂规厂矩也极为不合理。生产线员工,一是辛苦;二是有严格的产量规定,达不到的话扣你钱;还有出现减底薪的——比如这个月没有上够 22 天班,不管是工厂的原因还是什么,先减了你的底薪再来计算加班工资
工伤频发	当时一个朋友的食指两节被切断,治好了,老板只给了很少的营养费,他就回家了
职业病	生产环境很糟糕,工伤、职业病频发
生活条件差	当时厂里有三排女工宿舍,两排男工宿舍,一排大约有十多间,是铁皮屋顶的平房,夏天很热。大部员工都在厂里住,有家的就在外面租房。宿舍不用交钱,没人管理,可以自由调换宿舍。非本厂的人,借厂服和厂牌就可以混进厂里去住
反映诉求无回应	以前曾经尝试过用别的方式表达不满,例如写意见投进意见箱,但不起作用

2. 员工心理变化

员工心理变化即员工个体与员工集体受到内部因素与外部因素的刺激而产生的主观不满情绪以及心理上的变化。通过上述编码发现,与员工心理变化紧密相关的范畴主要有三个:"分散的个体不满""个体相对剥夺感上升"和"无意识的群体不满"。

(1) 分散的个体不满

分散的个体不满即在不公平待遇面前个体内心爆发出来的不满情绪。本书通过数据资料及分析过程来看,"分散的个体不满"这一二阶概念包括"故意搞小动作""工作心不在焉"和"员工故意不完成规定产量",支持性证据见表 3-10。

表 3-10 支持二阶概念"分散的个体不满"的证据

故意搞小动作	上班很累,我们会故意搞小动作。例如有时偷偷把饭端到车间去吃,故意搞些油盐在产品上,产品沾到盐容易生锈。我们打包装时还会在里面放垃圾、瓜子壳、头发等。如果马达里面有头发,转的时候会有火花。这样做主要是一种发泄
工作心不在焉	大家心不在焉,做事的速度很慢,并且一边做事,一边纷纷议论停工的事
员工故意不完成规定产量	厂里发了一个通知,规定新的产量定额,如果完不成,就不给安排加班。而那个产量标准是大多数员工完不成并且不能接受的。如果按照新的规定,意味着很多员工将没有班加,拿不到占工资比例一大半的加班费;或者是员工更加拼命地提高做工速度,并且免费加班达到产量。大家都无心做事,有的还故意拖延,推迟完成时间

（2）个体相对剥夺感上升

个体相对剥夺感即个体通过对比内群体成员或外群体成员之后出现的一种剥夺感,产生这种剥夺感离不开个体对其待遇的不满情绪,而这种不满情绪的增强即所谓的个体相对剥夺感上升。本书通过数据资料及分析过程来看,"个体相对剥夺感上升"这一二阶概念包括"员工工资待遇差距大"和"员工待遇与企业利润不匹配",支持性证据见表 3-11。

表 3-11 支持二阶概念"个体相对剥夺感上升"的证据

员工工资待遇差距大	我们拿到的工资很少,但是管理人员的收入是我们的好几倍。更直接的不满就是工资涨幅的问题。当时的工资涨幅还有级别之差,不同级别的不一样,增幅也不同
员工待遇与企业利润不匹配	尽管企业员工待遇相对较好,但与企业的较高利润相比,易于激发员工的不公平感

（3）无意识的群体不满

无意识的群体不满即群体成员在个体不满情绪的影响下出现的不满情绪。本书通过数据资料及分析过程来看,"无意识的群体不满"这一二阶概念包括"上班窃窃私语""宿舍中相互抱怨"和"下级对上级的普遍不满",支持性证据见表3-12。

表3-12 支持二阶概念"无意识的群体不满"的证据

上班窃窃私语	车间也有人在窃窃私语,只是都没人敢跟着去,因为虽然主管走了,班长和拉长还在那里镇着,楼下还有保安,不敢去
宿舍中相互抱怨	在宿舍员工都是很不满的,这种情绪可以明显感觉到,但是没有一个员工敢出头
下级对上级的普遍不满	大家普遍觉得组长整天玩还拿那么多钱,我们天天拼死拼活工资还那么低,大家就觉得那些男性管理人员应该揍一顿,或者搞下去;女性管理人员就被诅咒嫁不出去之类

3. 员工行为

员工行为指的是在群体性劳资冲突中,由于刺激因素和员工心理变化的影响而引起员工行为的变化。通过上述编码发现,与员工行为紧密相关的范畴主要有三个:"个体分散的抱怨"、"非正式关系网络互动"和"初级无意识层面的共同抱怨"。

(1) 个体分散的抱怨

个体分散的抱怨是指个体因企业中工资问题、管理方式不当、福利等问题的处理不当而引起的个体的抱怨。本书通过数据资料及分析过程来看,"无意识的群体不满"这一二阶概念包括"离职",支持性证据见表3-13。

表3-13 支持二阶概念"个体分散的抱怨"的证据

离职	员工之间很少有时间交流。早上8点之前要到车间,下午5点前下班。一个月26天制。名义上周末自愿加班,实际上星期天大部分时间都要加班。员工没有时间逛街、聚餐,很多员工离职

（2）非正式关系网络互动

非正式关系网络互动即由一些具有内在联系的非官方的自由个体组成的一种关系组织，其中的工作关系、合作以及知识的流转均归非正式组织所有。本书通过数据资料及分析过程来看，"非正式关系网络互动"这一二阶概念包括"地缘关系互动""同事关系互动"和"手机、网络等媒介"，支持性证据见表3-14。

表3-14 支持二阶概念"非正式关系网络互动"的证据

地缘关系互动	厂里湖北、河南人最多。我们上班时聊天很猛，八卦、个人经历、各种感受、发生的趣事等，成天说个不停
同事关系互动	那时候两班倒。文员和领班联手，打印了好多纸条
手机、网络等媒介	由于之前员工联系了媒体，因而地方报纸也过来了，并进行采访报道

（3）初级无意识层面的共同抱怨

初级无意识层面的共同抱怨是指个体不满通过在工作期间议论纷纷或者通过耍手段而形成无意识的共同抱怨。本书通过数据资料及分析过程来看，"初级无意识层面的共同抱怨"这一二阶概念包括"工作期间议论纷纷"和"上班期间耍手段"，支持性证据见表3-15。

表3-15 支持二阶概念"初级无意识层面的共同抱怨"的证据

工作期间议论纷纷	当时Z和员工们在车间聊，都抱怨班长太胆小。并且他们认为班长是有私心的。前几天主管让班长带头不干活，班长不同意。因为考虑到如果主管被炒掉了，自己就有机会晋升做主管
上班期间耍手段	回厂后他们决定"耍点手段"

本章小结

本章主要从研究目的、研究设计、研究过程和研究结果与讨论四部分研究群体性劳资冲突酝酿阶段的嬗变机理。运用扎根理论方法和 Nvivo11 Plus 质性软件对群体性劳资冲突事件的相关资料（编码资料来源见第一章导论）进行开放式编码，再进一步分析总结进行主轴编码和选择性编码，最终总结出群体性劳资冲突酝酿阶段 B-SPB 嬗变机理。

经过研究发现，酝酿阶段共得到经济因素、管理粗暴、职业病等 24 个开放式编码，经过进一步的分类，共归纳内部因素、外部因素、分散的个体不满、个体相对剥夺感上升、无意识的群体不满、个体分散的抱怨、非正式关系网络互动、初级无意识层面的共同抱怨八个主轴编码，再进一步归纳总结，提炼出刺激因素、员工心理变化和员工行为三个选择性编码。围绕这三个选择性编码，将故事线概括为：刺激因素→员工心理变化→员工行为。

在"刺激因素→员工心理变化→员工行为"这一故事线的基础上，通过分析群体性劳资冲突酝酿阶段编码结果，揭示了群体性劳资冲突酝酿阶段 B-SPB 嬗变机理模型，该模型阐释为：在外部因素和内部因素的刺激下，受企业管理粗暴、工资待遇低等因素的影响，员工个体相对剥夺感上升，分散的员工个体不满上升为无意识的群体不满。随着员工之间非正式关系网络互动的加强，员工行为由个体分散的抱怨渐渐演变为初级无意识层面的共同抱怨。

第四章

群体性劳资冲突发展阶段的嬗变机理

本章运用访谈法和扎根理论方法从研究目的、研究设计、研究过程和研究结果与讨论四部分研究群体性劳资冲突发展阶段 D-SPDB 嬗变机理。第一，研究目的为：构建群体性劳资冲突发展阶段 D-SPDB 嬗变机理的理论模型，为减少群体性劳资冲突的进一步发展提供支持。第二，研究设计主要从研究对象、扎根理论的研究方法、研究工具和编码的信效度分析四部分进行研究。其中研究对象为发展阶段群体性劳资冲突事件的相关资料，研究工具运用的是 Nvivo11 Plus。第三，运用扎根理论的研究方法对群体性劳资冲突事件的相关资料（编码资料来源见第一章导论）进行开放式编码、主轴编码和选择性编码。经过研究发现，共得到未按约定支付工资、变相取消福利、工作环境差等 35 个开放式编码，经过进一步的分类，共归纳导火索、行动动员、舆论的推波助澜、有意识的群体不满、群体愤怒、理性因素、非理性因素、少数人参加、多数人参加和群体共同行为十个主轴编码，再进一步归纳总结，提炼出刺激因素、员工心理变化、行为决策因素和员工行为四个选择性编码。最后，围绕"刺激因素→员工心理变化→行为决策因素→员工行为"这一故事线，揭示群体性劳资冲突发展阶段 D-SPDB 嬗变机理模型。

　　本章的逻辑架构图如图 4-1 所示。

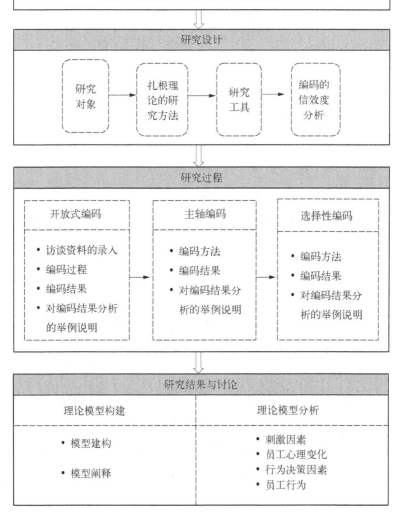

图 4-1 群体性劳资冲突发展阶段嬗变机理逻辑架构图

第一节　研究目的和设计

一、研究目的

本章主要运用访谈法和扎根理论方法研究群体性劳资冲突发展阶段的嬗变机理。首先，整理发展阶段的访谈资料。其次，对群体性劳资冲突事件的相关资料（编码资料来源见第一章导论）运用逐字逐句编码法提取开放式编码，进一步分析、提炼主轴编码和选择性编码。最后，本章总结了群体性劳资冲突发展阶段的嬗变机理，为控制群体性劳资冲突的进一步发展提供支持。

二、研究设计

本章的研究设计主要包括四个方面，分别为研究对象、研究方法、研究工具和编码的信效度分析。

1. 研究对象

本书以群体性劳资冲突事件的相关资料作为研究对象，将群体性劳资冲突事件的相关资料分为酝酿阶段案例材料、发展阶段案例材料和平息阶段案例材料。发展阶段案例材料命名为FZ材料1、FZ材料2、FZ材料3、FZ材料4、FZ材料5……FZ材料25。

2. 扎根理论的研究方法

扎根理论作为目前社会科学研究领域的一种具有影响力的研究范式，主要是借助对原始资料的分析，从下向上逐步归纳出概念与范畴，最后构建实质理论。

3. 研究工具

借助由 QSR 开发的 Nvivo11 Plus 软件对研究资料进行定性分析。Nvivo11 Plus 主要是通过其复杂的工作区对大量的文本信息、多媒体信息进行处理，确保研究人员对数据进行规范、系统性的处理。Nvivo11 Plus 具备非常强大的编码功能，工作区可以建立许多节点，即用以归纳编码资料的编码容器。研究人员在节点处存放其获得的有关资料并从中发现规律、模式以及想法。所以，编码是指按照一定的标准，如题目、主题、案例等进行研究材料的搜集，而节点有助于资料的整理，是编码过程中必不可少的。

4. 编码的信效度分析

（1）编码的信度分析

为了确保编码数据的一致性，首先要检验节点的编码结果的信度，然后才可以进行数据分析。同意度百分比与 K 系数是 Nvivo 中对一般编码进行信度分析的方法。其中，同意度百分比（信度）＝相互同意的编码数量/（相互同意的编码数量＋相互不同意的编码数量）。同意度百分比既可以采用两个研究人员各自的编码结果进行比较，也可以是同一个研究人员在不同时间段内对材料进行的两次编码结果进行比较。通常而言，如果同意度百分比低于 70% 时，则代表两次编码结果的一致性较低。本书选用第一种方法，即通过比较两个不同的研究人员对材料的编码结果判断编码数据的一致性。

选择导航列的"查询"菜单，弹出项目列表窗口，单击右键，然后选择"编码比较"，继而弹出"编码比较查询"窗口。在用户组 A 中选择并添加上第一位编码研究者，同理，在用户组 B 中选择并添加上第二位编码研究者，在"位置"处选择所有节点，"作用域"添加上 FZ 材料 2。

点击"运行"按钮即可得到两次编码比较结果。

需要注意的是，结果中同意度百分比 100% 指的是在该材料中两个研究者都没有编码。

从两次编码的比较结果可以看出，对 FZ 材料 2 所有节点两次编码的同意度百分比均在 85% 以上，说明两位研究者对 FZ 材料 2 的编码的一致性较高。

（2）编码的效度分析

在质性研究中，所谓"效度"是指研究结果与结果之外的部分，诸如研究者、研究目的、研究对象、研究方法以及研究情境等，之间的一种"关系"，也就是"一致性"。质性研究要求多重性的效度，质性研究不易获得较好的外部效度，但必须保证严格的内部效度。效度在质的研究与量的研究中是有差别的，测查研究结果实质上等同于检验整个研究过程。

本书检验效度采取的是原始资料佐证法，即利用研究中搜集到的大量的丰富原始资料充当论证研究结果的重要依据，从而使研究结论的效度得到提高。研究人员可以参照原始资料检验自己的研究结论，将与原始资料最契合的结论挑选出来。

第二节　研究过程

一、开放式编码

开放式编码即一级编码，编码过程为按照某种新的方式对获取的资料进行重新定义，并将所得的新概念重新组合。编码初期要求研究人员逐字逐句对大量的宽泛的资料进行编码，逐步缩小编码范围至编码饱和。

1. 资料的录入

利用 Nvivo11 Plus 进行分析时，首先在打开的软件中建立新项目"群体性劳资冲突发展阶段演化机理"；其次将整理成 doc 格式的案例以内部资料的形式导入。导入的具体操作步骤：单击"数据"—"创建"，选择要导入的文档，点击打开即可。

2. 编码过程

（1）编码方法

开放式编码是通过分析软件建立自由节点完成的。本书对收集到的材料进行逐字分析，每当发现一个意义单元便建立一个自由节点，并赋予其一个全新的概念，即初始概念。赋予新概念的过程即概念化，也就是将收集到的资料划分成不同的独立成分，如事件、事例、想法或行动，并给予每个成分相应的名称。新名称的最佳来源便是访谈过程中的话语，尤其是可以用作初始概念的访谈对象的原话,即所谓的本土概念,像"未按约定支付工资""增加产量定额""积极分子动员""收益预期""从众心理""不约而同停工"等。

下面的材料内容节选自案例材料,附注在句子或词组后面括号中的名称即为本书给出的初始概念,部分举例如下:

物流公司倒闭,拖欠了数百个快递公司员工的工资。(未按约定支付工资)

原因是工厂取消高温津贴,厂方的理由是,厂内有空调,不需要高温津贴。他们之前每年6—10月都有高温津贴,室内工作是100元/月,室外工作是150元/月。(变相取消福利)

总厂先发工资,员工发现高温津贴被取消,这成为一个导火索。(变相取消福利)

矛盾的爆发点是员工对工作太累以及工资低而累积的不满。(工作环境差)

当时订单很多,一年到头都没有休息,只有国庆才放一天假。每天最少上十二个小时,早上八点上班,正常晚上十点下班,有时到晚上十二点,有时赶货还提前上班。(过度加班)

工厂订单不减反增,生产忙碌,加班时间更长了。而原先的处罚制度并未改变,反而执行得更严格。尤其是白天上班打瞌睡者,要被记小过,罚款一百元。由于加班时间长了,很多人白天犯困,大量地被罚款,员工很不满。(过度加班)

因为员工在饭里吃到虫子而引起的。(伙食太差)

需要大量加班才能拿到原来应得的工资,这已经远远超过了员工的承受能力。规定了超强的劳动强度,完不成就得免费加班，早上八点上班你七点半就得去工作，中午你是十二点下班的要到一点才能下班，晚上就不好说了，这样就加大了员工的劳动强度，没有拿到相对应的劳动报酬。(增加产量定额)

厂里发了一个通知，规定新的产量定额，如果完不成，就不给安排加班。而那个产量标准是大多数员工完不成并且不能接受的。如果按照新的规定，意味着很多员工将没有班加，拿不到占工资比例一大半的加班费；或者是员工更加拼命地提高做工速度，并且免费加班达到产量。(增加产量定额)

在床上一个星期，老是发烧。我去请假，组长是我老乡，但是讲话很难听，我骂人都是进厂学的。我们发生了激烈冲突，我就说要辞工。跟她说没用，我就决定去找老板。(管理者和员工激烈冲突)

J又鼓动其他楼层的员工，员工们陆续走出车间，来到厂内操场。比如老员工通过人脉关系带动了一批员工，或者技术员工和基层管理在部分员工中进行动员。(积极分子动员)

手机、网络等媒介的使用，使得员工之间信息交流渠道通畅。(动员通道)

第二天把那些要求写在一张纸上，所有的人都在背面签名了。右下角留了空白，如果有要求就再往上写。另外还给经理留了签名位置。(传单、纸条等传递)

我们正在商场门口谈时，经理、文员、组长、工段长、物料员等十人，来拉我们回去上班，我们一窝蜂都散了。后来我们比较熟悉的老员工就电话联系，约好在公园见面。去了三十多个人，都穿着工衣，绿色的，黄领。我们就在里面写给厂里的建议书，写完后让大家签名。有的人不愿意签，怕被炒。我们的主要诉求是把组长赶走。当时大家很齐心，还把没签合同没买保险等也写进去了。（利用互联网、手机等公开表达诉求）

假如员工在长久的生产线劳动中形成默契——尤其是变相怠工、集体放慢生产速度的默契——形成就会更顺利些。（集体放慢生产速度）

管理者经常先站在一旁让员工自己挑，员工挑不出了，管理者就来挑，然后以此训斥员工。有时厂长或经理也下车间来指手画脚，动辄大喊大叫挑员工的毛病。总之，管理们"除了和员工吵架，就没别的事了"。（企业辱虐管理）

傍晚六点时，不知谁提出了停工，拒绝晚上加班（事后老板有追究是谁提出的，但员工们认为这并不重要）。全车间当即一致赞成。（员工集体停工）

在谈的过程中，很多员工都知道了，学徒与文员表示了支持，但他们不知道该怎么办，就表示跟着积极分子走。师傅工资按月薪支付，没有加班费和三险，在厂内待遇相对算好，但希望一切"按法律来"。（搭便车）

好像不去上班厂里也没办法，反而还引起厂方的重视，他们也想浑水摸鱼玩一天，所以也停工了。有些上夜班的，也跟着他们那两条线的去玩，不去上夜班。（法不责众）

午休时，他们继续议论着，据说男工率先说起，听说很多人不去上班了，阿菊决定也不去。（从众心理）

一个员工从车间里拿了杯子又出来了。接着，陆续回车间的员工（包括昨晚一起去吃饭的技术车间四个组长）也都拿着

杯子或其他的个人物品,从车间里出来。显然,他们要集体"站到一边去",也就是集体辞工。(行为模仿)

该厂基层管理和技术员对调整后的工资也不满意,当时每个人周围都是不认识的员工。

(2)编码步骤

运用Nvivo11 Plus软件对其内部材料进行编码,在Nvivo11 Plus软件中编码的具体操作如下所示。

先双击要编码的内部材料,其次选中要编码的句子,最后右击选择编码。根据句子建立节点。

3. 编码结果

运用Nvivo11 Plus进行开放式编码,在发展阶段中,共从资料中抽象出"未按约定支付工资""变相取消福利""工作环境差"等节点,共147个参考点。节点"发传单"共有18个参考点,是编码次数最多的节点(见表4-1)。

表4-1 发展阶段开放式编码示例

范　畴	代表性原始语句(初始概念),部分举例
未按约定支付工资	1. 物流公司倒闭,拖欠了很多快递公司员工的工资 2. 该厂的"离谱"行为,最让员工无法接受的,是工资发放问题。工厂发工资尤其是奖金由主管任意决定,从50—100元不等。而主管每月的工资一般上万元。前面提到的工资待遇差、罚款多、扣工资等,也是导致员工不满的原因
变相取消福利	1. 原因是工厂取消高温津贴,厂方的理由是,厂内有空调,不需要高温津贴。他们之前每年6—10月都有高温津贴,室内工作是100元/月,室外工作是150元/月 2. 总厂先发工资,员工发现高温津贴被取消,这成为一个导火索
工作环境差	矛盾的爆发点是员工对工作环境太恶劣、工作太累以及工资低而累积的不满

(续表)

范　畴	代表性原始语句（初始概念），部分举例
过度加班	1. 超负荷加班，休息少，劳动强度大，劳动条件差，加班过多 2. 当时订单很多，一年到头都没有休息，只有国庆才放一天假。每天最少上12个小时，早上8点上班，正常晚上10点下班，有时到晚上12点，有时赶货还提前上班。工厂订单不减反增，生产忙碌，加班时间更长了。而原先的处罚制度并未改变，反而执行得更严格。尤其是白天上班打瞌睡者，要被记小过，罚款100元。由于加班时间长了，很多人白天犯困，大量地被罚款，员工很不满
伙食太差	1. 因为员工在饭里吃到虫子而引起的 2. 导火索起因分别是：克扣工资，主管随意开人，伙食恶劣
增加产量定额	1. 需要大量加班才能拿到原来应得的工资，这已经远远超过了员工的承受能力。这样就加大了员工的劳动强度，没有拿到相对应的劳动报酬 2. 厂里发了一个通知，规定新的产量定额，如果完不成，就不给安排加班。而那个产量标准是大多数员工完不成并且不能接受的。如果按照新的规定，意味着很多员工将没有班加，拿不到占工资比例一大半的加班费；或者是员工更加拼命地提高做工速度。生产环境很糟糕，工伤、职业病频发
解雇员工	企业解雇员工代表，激起员工不满，扩大到全厂
管理者和员工激烈冲突	1. 有一天，经理协理巡视车间，发现一名女工未戴防护用品，就拿过女工厂牌，责令J记过处理。J不同意处罚，与协理大吵，协理不停骂人 2. 在床上一个星期，老是发烧。我去请假，组长是我老乡，但是讲话很难听，我骂人都是进厂学的。我们发生了激烈冲突，我就说要辞工。跟她说没用，我就决定去找老板
积极分子动员	1. J又鼓动其他楼层的员工，员工们陆续走出车间，来到厂内操场 2. 比如老员工通过人脉关系带动了一批员工，或者技术员工和基层管理在部分员工中进行动员
发传单	这些不满都写到了员工的心坎里。打印好后，他们把传单发到每个宿舍里去，鼓励其他员工一起参与
动员通道	1. 员工中有很多"同乡会"对组织员工起到了一定作用 2. 手机、网络等媒介的使用，使得员工之间信息交流渠道通畅
传单、纸条等传递	1. 有带头者制作传单、纸条，进行鼓动和传递消息 2. 第二天把那些要求写在一张纸上，所有的人都在背面签名了。右下角留了空白，如果有要求就再往上写。另外还给经理留了签名位置

(续表)

范　畴	代表性原始语句（初始概念），部分举例
利用互联网、手机等公开表达诉求	1. 我们正在商场门口谈时，经理、文员、组长、工段长、物料员等十人，来拉我们回去上班，我们一窝蜂都散了。后来我们比较熟悉的老员工就电话联系，约在公园见面。去了三十多个人。我们就在里面写给厂里的建议书，写完后让大家签名。有的人不愿意签，怕被炒。我们的主要诉求是把组长赶走。当时大家很齐心，还把没签合同没购买保险等也写进去了 2. 采取找媒体扩大影响等方式，来促使企业尽快答应 3. 互联网和手机的普及，使得员工有更多途径公开表达自己的诉求
媒体的采访	他们进政府大院后，要求这家媒体也进去，因为他们之前报道了该厂倒闭事件，感觉比其他电视台有用
老乡群（QQ/微信）、论坛传递消息	大多数员工喜欢运用网络上传群体性劳资冲突的现场照片，让外界了解情况
集体变相怠工	1. 工厂再次单方面提高产量，引发员工不满，当天晚上，员工主要在车间里怠工 2. 由于晚上拒绝加班，第二天早上八点也没人接白班，聚餐时，跟大家合计，如果厂方因此开人，他们就集体走人 3. 那天下午在仓库就跟员工协商好了：只要这边有动静，生产线立即断电，停止生产，把工厂的总闸拉掉
集体放慢生产速度	假如员工形成默契——尤其是变相怠工、集体放慢生产速度的默契——形成就会更顺利些
员工集体停工	1. 员工积累多年的怒气，倾泻而出。开始走向集中爆发 2. 傍晚六点时，不知谁提出了停工，拒绝晚上加班（事后老板追究是谁提出的，但员工们认为这并不重要）。全车间当即一致赞成 3. 当协理还在继续扯着嗓门喊叫时，有人突然大吼：「停拉！」边喊边走上前把他所管辖的那条拉关了。于是，拉上40名员工首先停止了工作 4. 后来陆续又听说有员工辞工不批、自离、整条线走的（有一条拉三十多个人自离，第二天早上只剩下拉长一个人了），再加上两个月没发工资，就停工了
收益预期	他们参加的理由，觉得会涨工资
搭便车	1. 自己只是被动卷入了。她觉得打工没有前途，想实现自我价值，得到别人的认可 2. 在谈话的过程中，很多员工都知道了，学徒与文员表示了支持，但他们不知道该怎么办，就表示跟着积极分子走

(续表)

范　畴	代表性原始语句（初始概念），部分举例
法不责众	好像不去上班厂里也没办法，反而还引起厂方的重视，他们也想浑水摸鱼玩一天，所以也停工了。有些上夜班的，也跟着他们那两条线的去玩，不去上夜班
满足内在需要	1. 劳动疲累的员工都因为得以休息而很兴奋，也停下了工作 2. 聚集在操场上的员工，包括基层管理人员（班长、助拉等）、生产工、甚至包括车间里的清洁工。他们都很高兴，有的在议论
从众心理	1. 当时真的是什么都不懂，傻乎乎跟着大家跑 2. 其余那些牵头的员工和七点半上班的员工聚在篮球场，员工越来越多，后来，本来在车间上班的人看见了，也从车间走了出来加入了篮球场的队伍 3. 许多参与的员工不是因为响应动员或号召，而只是因为"看到别人不上班了，自己也放下工作" 4. 没有特别去说服人参加，大家都是自己加入的，代表也是自动产生的 5. 午休时，他们继续议论着，据说男工率先说起，听说很多人不去上班了，有的女工决定也不去
群体感染	1. 后来人越来越多（似乎是上完夜班的员工出来了），都围在厂门口 2. 有人说今天晚上不上班了，之前大家虽然没说什么，但是一有人提出来，其他人都纷纷响应了
行为模仿	1. 员工没有个主心骨，人多意见也多，很乱，都没办法清晰表达意见，大部分人是看着别人往哪走就跟着走 2. 一个员工从车间里拿了杯子又出来了。接着，陆续回车间的员工（包括昨晚一起去吃饭的技术车间四个组长）也都拿着杯子或其他的个人物品，从车间里出来。显然，他们要集体"站到一边去"，也就是集体辞工
紧急规范压力	管理者都知道，如果员工胜利，他们也有好处，所以他们并没有阻拦员工，或要求他们复工
个别停止工作	做了一会儿，其中一个员工将手中的产品扔了，并且鼓动大家停工，员工们陆续走出车间
观望的员工参与	有些员工当晚同意，但有很多员工不敢，在此期间仍正常去上班。当取得一定的胜利后，其他车间员工开始效仿
不约而同停工	1. 员工领工资时发现钱少了，于是不约而同不干了 2. 旁边有一个超音波房，他们的工作是通过高温把两层布粘在一起。在外面穿线，里面的员工都是我们以前的同事。他们在里面抱怨，说太累了，不干了。后来又到外面来说我们不要干了，把组长赶走
响应号召走出车间	看到别人不上班了，自己也放下工作，走出车间

双击一个节点,则显示出该节点的特性统计结果。每个参考点后的节点覆盖率,就代表该节点所对应的编码内容在整个案例中字数占的比率。

发展阶段：未按约定支付工资已编码6个参考点,材料来源5个,该节点的参考点数量所占比例为4.08%；拖欠社保已编码1个参考点,材料来源1个,该节点的参考点数量所占比例为0.68%；变相取消福利已编码2个参考点,材料来源1个,该节点的参考点数量所占比例为1.36%；工作环境差已编码1个参考点,材料来源1个,该节点的参考点数量所占比例为1.36%；过度加班已编码2个参考点,材料来源2个,该节点的参考点数量所占比例为1.36%；伙食太差已编码1个参考点,材料来源1个,该节点的参考点数量所占比例为0.68%；增加产量定额已编码2个参考点,材料来源1个,该节点的参考点数量所占比例为1.36%；解雇员工已编码2个参考点,材料来源2个,该节点的参考点数量所占比例为1.36%；管理者和员工激烈冲突已编码12个参考点,材料来源9个,该节点的参考点数量所占比例为8.16%；积极分子动员已编码6个参考点,材料来源3个,该节点的参考点数量所占比例为4.08%；发传单已编码18个参考点,材料来源11个,该节点的参考点数量所占比例为12.24%；动员通道已编码6个参考点,材料来源4个,该节点的参考点数量所占比例为4.08%；传单、纸条等传递已编码6个参考点,材料来源4个,该节点的参考点数量所占比例为4.08%；利用互联网、手机等公开表达诉求已编码2个参考点,材料来源2个,该节点的参考点数量所占比例为1.36%;媒体的采访已编码3个参考点,材料来源2个,该节点的参考点数量所占比例为2.04%;老乡群(QQ、微信)论坛传递消息已编码5个参考点,材料来源4个,该节点的参考点数量所占比例为3.40%;集体变相怠工已编码6个参考点,材料来源5个,该节点的参考点数量所占比例为4.08%;集体放慢生产速度已编码6个参考点,材料来源5个,该节点的参考点数量所占比例为4.08%;员工集体停工已编码12个参考点,材料来源9个,该节点的参考点数量所占比例为8.16%;员工打砸厂区内岗亭、商店、大门等已编码3个参考点,材料来源2个,该节点的参考点数量所占比例为2.04%;收益预期已编码4个参考点,材料来源3个,该节点的参考点数量所占比例为2.72%;搭便车已编码2个参考点,材料来源2个,该节点的参考点数量所占比例为1.36%;法不责众已编码3个参考点,材料来源3个,该节点的参考点数量所占比例为2.04%;满足内在需要已编码8个参考点,材料来源7个,该节点的参考点数量所占比例为5.44%;从众心理已编码5个参考点,材料来源4个,该节点的参考点数量所占比例为3.40%;群体感染已编码5个参考点,材料来源4个,该节点的参考点数量所占比例为3.40%;行为模仿已编码3个参考点,材料来源3个,该节点的参考点数量所占比例为2.04%;紧急规范压力已编码2个参考点,材料来源2个,该节点的参考点数量所占比例为1.36%;个别停止工作已编码1个参考点,材料来源1个,该节点的参考点数量所占比例为0.68%;观望的员工参与已编码1个参考点,材料来源1个,该节点的参考点数量所占比例为0.68%，不约而同停工已编码2个参考点，材料来源2个，该节点的参考点数量所占比例为1.36%；响应号召走出车间已编码5个参考点，材料来源4个，该节点的参考点数量所占比例为3.40%。具体如表4-2所示。

表4-2 开放式编码

开放式编码	材料来源	参考点	该节点的参考点数量所占比例
未按约定支付工资	5	6	4.08%
拖欠社保	1	1	0.68%
变相取消福利	1	2	1.36%
工作环境差	1	1	1.36%
过度加班	2	2	1.36%
伙食太差	1	1	0.68%
增加产量定额	1	2	1.36%
解雇员工	2	2	1.36%
管理者和员工激烈冲突	9	12	8.16%
积极分子动员	3	6	4.08%
发传单	11	18	12.24%
动员通道	4	6	4.08%
传单、纸条等传递	4	6	4.08%
利用互联网、手机等公开表达诉求	2	2	1.36%
媒体的采访	2	3	2.04%
老乡群（QQ、微信）论坛传递消息	4	5	3.40%
集体变相怠工	5	6	4.08%
集体放慢生产速度	5	6	4.08%
员工集体停工	9	12	8.16%
员工打砸厂区内岗亭、商店、大门等	2	3	2.04%

(续表)

开放式编码	材料来源	参考点	该节点的参考点数量所占比例
收益预期	3	4	2.72%
搭便车	2	2	1.36%
法不责众	3	3	2.04%
满足内在需要	7	8	5.44%
从众心理	4	5	3.40%
群体感染	4	5	3.40%
行为模仿	3	3	2.04%
紧急规范压力	2	2	1.36%
个别停止工作	1	1	0.68%
观望的员工参与	1	1	0.68%
不约而同停工	2	2	1.36%
响应号召走出车间	4	5	3.40%

4. 对开放式编码结果分析的举例说明

本书主要从关键词检索分析、聚类分析、开放式编码参考点频次和覆盖率和矩阵查询四个方面进行开放式编码结果分析的举例说明。关键词检索分析指的是以某个关键词进行精确的查询并且可以看到与关键词相联系的前后句子。开放式编码参考点频次和覆盖率指的是在某个案例资料中出现的开放式编码参考点的个数以及覆盖率。矩阵查询是将行和列的项目两两之间进行逻辑比较，并从选择的项目中，搜寻出至少含其中一项目见搜寻条件的编码内容。

(1) 关键词检索分析

为了检验25个内部材料中的材料15、材料16、材料17

和材料 18 是否与其加班有关，我们对文本进行关键词检索。以"加班"为关键词精确查询，参考点结果显示：编码 21 个参考点，其中，材料 15 中 1 个参考点，覆盖率为 0.05%；材料 16 中 7 个参考点，覆盖率为 0.19%；材料 17 中 3 个参考点，覆盖率为 0.24%；材料 18 中 10 个参考点，覆盖率为 0.41%。具体如图 4-2 所示。

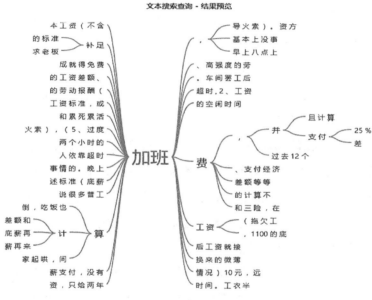

图 4-2　加班-结果预览

（2）聚类分析

聚类分析具体步骤如下所示。

先选择探索菜单栏下的聚类分析。

接下来选择节点，点击下一步，在聚类依据下选择编码相似性，使用相似性度量下选择 Jaccard 系数。

点击完成，可以选择水平树状图，3D 聚类图，圆形图和 2D 聚类图。

（3）开放式编码参考点频次和覆盖率

开放式编码参考点个数。在统计方面，需要对节点进行频次的统计，形成统计图。本书通过对 25 个内部材料中名为 FZ 材料 3 中的开放式编码参考点进行统计。其中，响应走出车间的参考点个数为 2，满足内在需要的参考点个数为 2，员工集体停工的参考点个数为 1，企业辱虐管理个数为 1，利用互联网、手机等公开表达诉求的参考点个数为 1，发传单的参考点个数为 1，解雇员工的参考点个数为 1，管理者和员工激烈冲突的参考点个数为 1。

开放式编码覆盖率百分比。在统计方面，需要对节点进行覆盖率的统计，形成统计图。本文通过对 25 个内部材料中名为 FZ 材料 3 中的开放式编码参考点进行统计。其中，利用互联网、手机等公开表达诉求的覆盖率百分比为 2.05%，企业辱虐管理的覆盖率百分比为 1.92%，管理者和员工激烈冲突的覆盖率百分比为 1.92%，满足内在需要的覆盖率百分比为 1.90%，解雇员工的覆盖率百分比为 1.70%，响应走出车间的覆盖率百分比为 1.36%，员工集体停工的覆盖率百分比为 0.67%，发传单的覆盖率百分比为 0.67%。

（4）矩阵查询

矩阵编码是借助软件的查询功能完成的，通过两两比较行与列的项目之间的逻辑关系，并从所选的项目中，找到至少含其中一项目见搜寻条件的编码内容。

在导览视窗中选择查询文件夹，并于弹出的项目列表视窗中单击鼠标右键添加新的矩阵编码查询，在其中选择"添加至项目"，在常规标签中描述并命名该次查询，如此可以确保这种查询方式只需改变参数便可执行。

接着切换到矩阵编码条件标签，在行中选择节点非理性因素中的从众心理、行为模仿、紧急规范压力和群体感染，在列中选择节点理性因素中的搭便车、法不责众、满足内在需要和收益预期。

与关键词搜索或条件编码不同，矩阵编码的结果是通过表格展示出来的，每一个储存格代表行项目与列项目的逻辑比较看法，如表4-3所示，而行列项目比较的结果则通过在相应的储存格中双击鼠标左键便可查看。

表4-3 矩阵编码结果

	A：搭便车	B：法不责众	C：满足内在需要	D：收益预期
1：从众心理	7	8	13	9
2：行为模仿	5	6	11	7
3：紧急规范压力	4	5	10	6
4：群体感染	7	8	13	9

借助工具列上的图表将原始资料、节点、属性及查询所得结果以图表形式进行展示。

进行图表的矩阵功能参数设置过程并不复杂，首先，图表项选择通过以上查询条件所得到的结果，内容显示选项选择相应内容诸如编码来源计数，图表显示类型中选择需要的类型，本书选择的是雷达图和3D柱状图，就可以得到矩阵图形。

二、主轴编码

主轴编码可以帮助研究人员发现并建立已经形成的概念或范畴间的各种关系，诸如因果关系、相似关系、功能关系、对等关系、语义关系等，以便于更准确、全面地解释现象。所谓"主轴"，指的是研究人员在深度分析某概念并找到与之相关的关系后，继而寻找该概念和其他概念之间的关系，最后，抽取各关系的共同特质所形成的主题命名。

1. 主轴编码方法

通过开放式编码发掘的范畴意义和关系仍较为广泛和模糊，而第二阶段的主轴编码则侧重于将各个独立的范畴联系起来，发现与建立不同范畴间的潜在联结关系。通过分析发现各范畴在概念层面上确实存在内在联系，并根据其相互关联和逻辑顺序，再次进行重新归类，共归纳导火索、行动动员、舆论的推波助澜、有意识的群体不满、群体愤怒、理性因素、非理性因素、少数人参加、多数人参加和群体共同行为十个主范畴：把未按约定支付工资、拖欠社保、变相取消福利、工作环境差、过度加班、伙食太差、增加产量定额、解雇员工和管理者和员工激烈冲突归为一类，命名为"导火索"；把积极分子动员、发传单和动员通道归为一类，命名为"行动动员"，把传单、纸条等传递、利用互联网、手机等公开表达诉求、媒体的采访和老乡群（QQ/微信）、论坛传递消息归为一类，命名为"舆论的推波助澜"；把集体变相息工和集体放慢生产速度归为一类，命名为"有意识的群体不满"，把企业辱虐管理、员工集体停工和员工打砸厂区内岗亭、商店、大门等归为一类，命名为"群体愤怒"；把收益预期、搭便车、法不责众和满足内在需要归为一类，命名为"理性因素"；把从众心理、群体感染、模仿行为和紧急规范压力归为一类，命名为"非理性因素"；把个别停止工作和观望的员工参与归为一类，命名为"少数人参加"；把不约而同停工和响应号召走出车间归为一类，命名为"多数人参加"，具体如表 4-4 所示。

表 4-4　发展阶段主轴编码示例

主 范 畴	对 应 范 畴
导火索	未按约定支付工资
	拖欠社保
	变相取消福利
	工作环境差
	过度加班
	伙食太差
	增加产量定额
	解雇员工
	管理者和员工激烈冲突
行动动员	积极分子动员
	发传单
	动员通道
舆论的推波助澜	传单、纸条等传递
	利用互联网、手机等公开表达诉求
	媒体的采访
	老乡群（QQ/微信）、论坛传递消息

(续表)

主 范 畴	对 应 范 畴
有意识的群体不满	集体变相怠工
	集体放慢生产速度
群体愤怒	企业辱虐管理
	员工集体停工
	员工打砸厂区内岗亭、商店、大门等
理性因素	收益预期
	搭便车
	法不责众
	满足内在需要
非理性因素	从众心理
	群体感染
	模仿行为
	紧急规范压力
少数人参加	个别停止工作
	观望的员工参与
多数人参加	不约而同停工
	响应号召走出车间

2. 主轴编码结果

本书将得到的 35 个开放式编码按其所属层次进行归类，共归纳导火索、行动动员、舆论的推波助澜、有意识的群体不满、群体愤怒、理性因素、非理性因素、少数人参加、多数人参加和群体共同行为十个主范畴，具体如图 4-3、图 4-4、图 4-5 所示。

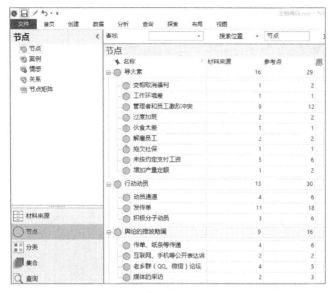

图 4-3　主轴编码示意图

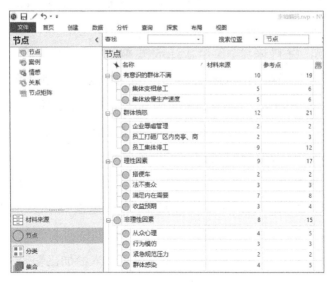

图 4-4　主轴编码示意图

图 4-5 主轴编码示意图

综上所述,导火索已编码 29 个参考点,材料来源 16 个,开放式编码频次所占的比例为 19.73%;行动动员已编码 30 个参考点,材料来源 13 个,开放式编码频次所占的比例为 20.41%;舆论的推波助澜已编码 16 个参考点,材料来源 9 个,开放式编码频次所占的比例为 10.88%;有意识的群体不满已编码 12 个参考点,材料来源 10 个,开放式编码频次所占的比例为 8.16%;群体愤怒已编码 17 个参考点,材料来源 12 个,开放式编码频次所占的比例为 11.56%;理性因素已编码 17 个参考点,材料来源 9 个,开放式编码频次所占的比例为 11.56%;非理性因素已编码 15 个参考点,材料来源 8 个,开放式编码频次所占的比例为 10.20%;少数人参加已编码 2 个参考点,材料来源 2 个,开放式编码频次所占的比例为 1.36%;

多数人参加已编码7个参考点,材料来源5个,开放式编码频次所占的比例为4.76%;群体共同行为已编码2个参考点,材料来源1个,开放式编码频次所占的比例为1.36%。具体见表4-5所示。

表4-5 主轴编码

主轴编码	材料来源	开放式编码的频次	开放式编码频次所占的比例
导火索	16	29	19.73%
行动动员	13	30	20.41%
舆论的推波助澜	9	16	10.88%
有意识的群体不满	10	12	8.16%
群体愤怒	12	17	11.56%
理性因素	9	17	11.56%
非理性因素	8	15	10.20%
少数人参加	2	2	1.36%
多数人参加	5	7	4.76%
群体共同行为	1	2	1.36%

3. 对主轴编码结果分析的举例说明

(1) 主轴编码参考点频次

主轴编码参考点个数。在统计方面,需要对节点进行频次的统计,形成统计图。本书通过对25个内部材料中名为FZ材料5中的编码参考点进行统计。其中,舆论的推波助澜的参考点个数为5,媒体的采访的参考点个数为2,传单纸条等传递的参考点个数为2,集体放慢生产速度的参考点个数为1,有意识的群体不满的参考点个数为1，利用互联网、手机等公开表达诉求的参考点个数为1，发传单的参考点个数为1，行动动员的参考点个数为1。

（2）主轴编码覆盖率

主轴编码覆盖率百分比。在统计方面，需要对节点进行覆盖率的统计，形成统计图。本书通过对25个内部材料中名为材料5中的编码参考点进行统计。其中，舆论的推波助澜的覆盖率百分比为2.64%，媒体的采访的覆盖率百分比为1.49%，发传单的覆盖率百分比为0.9%，行动动员的覆盖率百分比为0.9%，传单纸条等传递的覆盖率百分比为0.87%，集体放慢生产速度的覆盖率百分比为0.28%，有意识的群体不满的覆盖率百分比为0.28%，利用互联网、手机等公开表达诉求的覆盖率百分比为0.27%。

三、选择性编码

选择性编码又被称为三级编码或核心编码，主要目的是为了发现核心类别。

1. 选择性编码方法

从"导火索""行动动员"和"舆论的推波助澜"抽象出"刺激因素"这个核心范畴，从"有意识的群体不满"和"群体愤怒"抽象出"员工心理变化"这个核心范畴，从"理性因素"和"非理性因素"抽象出"行为决策因素"这个核心范畴，从"少数人参加""多数人参加"和"群体共同行为"抽象出"员工行为"这个核心范畴，具体如表4-6所示。

表 4-6　发展阶段选择性编码部分示例

核心范畴	主范畴	对应范畴
刺激因素	导火索	未按约定支付工资
		拖欠社保
		变相取消福利
		工作环境差
		过度加班
		伙食太差
		增加产量定额
		解雇员工
		管理者和员工激烈冲突
	行动动员	积极分子动员
		发传单
		动员通道
	舆论的推波助澜	传单、纸条等传递
		利用互联网、手机等公开表达诉求
		媒体的采访
		老乡群（QQ/微信）、论坛传递消息
员工心理变化	有意识的群体不满	集体变相怠工
		集体放慢生产速度
	群体愤怒	企业辱虐管理
		员工集体停工
		员工打砸厂区内岗亭、商店、大门等
行为决策因素	理性因素	收益预期
		搭便车
		法不责众
		满足内在需要

(续表)

核心范畴	主范畴	对应范畴
行为决策因素	非理性因素	从众心理
		群体感染
		模仿行为
		紧急规范压力
员工行为	少数人参加	个别停止工作
		观望的员工参与
	多数人参加	不约而同停工
		响应号召走出车间

2. 选择性编码结果

通过对群体性劳资冲突事件的相关资料抽象出的未按约定支付工资、拖欠社保、变相取消福利、工作环境差、过度加班、伙食太差、增加产量定额、解雇员工、管理者和员工激烈冲突、积极分子动员、发传单、动员通道、利用互联网、手机等公开表达诉求、媒体的采访、老乡群（QQ/微信）、论坛传递消息、集体变相怠工、集体放慢生产速度、企业辱虐管理、员工集体停工、收益预期、搭便车、模仿行为、观望的员工参与、不约而同停工、响应号召走出车间等 35 个开放式编码的继续剖析和导火索、行动动员、舆论的推波助澜、有意识的群体不满、群体愤怒、理性因素、非理性因素、少数人参加、多数人参加、群体共同行为等 10 个主范畴的深入分析，在与原始资料比较互动的基础上，本书提炼出"刺激因素"、"员工心理变化"、"行为决策因素"和"员工行为"四个核心范畴。围绕这四个核心范畴，将故事线概括为：刺激因素→员工心理变化→行为决策因素→员工行为，具体图 4-6、图 4-7 和图 4-8 所示。

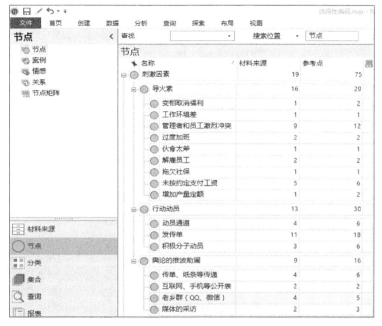

图 4-6　选择性编码示意图

图 4-7　选择性编码示意图

图 4-8　选择性编码示意图

综上所述，选择性编码刺激因素包括导火索、行动动员和舆论的推波助澜，其中导火索已编码 29 个参考点，材料来源 16 个，开放式编码频次所占的比例为 19.73%；行动动员已编码 30 个参考点，材料来源 13 个，开放式编码频次所占的比例为 20.41%；舆论的推波助澜已编码 16 个参考点，材料来源 9 个，开放式编码频次所占的比例为 10.88%。选择性编码员工心理变化包括有意识的群体不满和群体愤怒，其中有意识的群体不满已编码 12 个参考点，材料来源 9 个，开放式编码频次所占的比例为 8.16%；群体愤怒已编码 17 个参考点，材料来源 10 个，开放式编码频次所占的比例为 11.56%。选择性编码行为决策因素包括理性因素和非理性因素，其中理性因素已编码 17 个参考点，材料来源 9 个，开放式编码频次所占的比例为 8.16%；群体愤怒已编码 17 个参考点，材料来源 10 个，开放式编码频次所占的比例为 11.56%；非理性因素已编码 15 个参考点，材料来源 8 个，开放式编码频次所占的比例为 10.20%。选择性编码员工行为包括少数人参加、多数人参加和群体共同行为，其中少数人参加已编码 2 个参考点，材料来源 2 个，开放式编码频次所占的比例为 1.36%；多数人参加已编码 7 个参考点，材料来源 5 个，开放式编码频次所占的比例为 4.76%；群体共同行为已编码 2 个参考点，材料来源 1 个，开放式编码频次所占的比例为 1.36%。具体如表 4-7 所示。

表 4-7 选择性编码

选择性编码	主轴编码	材料来源	开放式编码的频次	开放式编码频次所占的比例
刺激因素	导火索	16	29	19.73%
	行动动员	13	30	20.41%
	舆论的推波助澜	9	16	10.88%
员工心理变化	有意识的群体不满	9	12	8.16%
	群体愤怒	10	17	11.56%
行为决策因素	理性因素	9	17	11.56%
	非理性因素	8	15	10.20%
员工行为	少数人参加	2	2	1.36%
	多数人参加	5	7	4.76%
	群体共同行为	1	2	1.36%

3. 对选择性编码结果分析的举例说明

（1）选择性编码参考点频次

选择性编码参考点个数。在统计方面，需要对节点进行频次的统计，形成统计图。本书通过对25个内部材料中名为FZ材料12中的编码参考点进行统计。其中，行为决策因素的参考点个数为5，员工心理变化的参考点个数为4，理性因素的参考点个数为3，群体愤怒的参考点个数为2，非理性因素的参考点个数为2，有意识的群体不满的参考点个数为1，集体变相怠工的参考点个数为1，企业辱虐管理的参考点个数为1，员工集体停工的参考点个数为1，未按约定支付工资的参考点个数为1，导火索的参考点个数为1，法不责众的参考点个数为1，满足内在需求的参考点个数为1，从众心理的参考点个数为1，行为模仿的参考点个数为1，刺激因素的参考点个数为1，收益预期的参考点个数为1。

（2）选择性编码覆盖率百分比

在统计方面，需要对节点进行覆盖率的统计，形成统计图。本书通过对25个内部材料中名为材料12中的编码参考点进行统计。其中，行为决策因素的覆盖率百分比为4.74%，员工心理变化覆盖率百分比为3.93%，理性因素覆盖率百分比为2.82%，群体愤怒的覆盖率百分比为2.13%，非理性因素的覆盖率百分比为1.92%，行为模仿的覆盖率百分比为1.33%，有意识的群体不满的覆盖率百分比为1.32%，集体变相怠工的覆盖率百分比为1.32%，企业辱虐管理的覆盖率百分比为1.32%，收益预期的覆盖率百分比为1.23%，法不责众的覆盖率百分比为0.93%，员工集体停工的覆盖率百分比为0.82%，满足内在需求的覆盖率百分比为0.69%，从众心理的覆盖率百分比为0.59%，导火索的覆盖率百分比为0.37%，刺激因素的覆盖率百分比为 0.37%，未按约定支付工资的覆盖率百分比为 0.37%。

四、理论饱和度检验

发展阶段的饱和度指的是当搜集的新数据不能再产生新的理论见解，也不能再揭示核心理论类属新的属性时，即分析额外的资料再不能产生新的概念或范畴，理论则趋于饱和。本书选择某企业的访谈记录进行饱和度的检验，依次进行开放式编码—主轴编码—选择性编码，饱和度检验节选如下。

① Q：我觉得像我刚才讲了，他们几个因为他选择的时间点正好在早上七点半以后，我们八点钟的时候有一个交接班时间。那么其实只有，在一起的话真正刚开始打一个横幅出来的时候，后面都是看热闹的（从众心理—非理性因素—行为决策因素），只有十几个人，正好上班的时候，我们厂车都集中来，那时候我们公司大概有一万四五千人，那个时间点全厂一万四五千人基本上都在那个时间段，你看白班的上班，假如七点半到八点半这段时间白班有九千人。这九千人正好七点半到八点半这段时间来上班，那么，八点钟一到呢，车间里面假设还有六千多人出来下班，正好这个时间点的时候，人员最多的时候，那许多人根本都不知道怎么回事，包括我们在内，我们现在也不知道怎么回事，都不知道怎么回事，许多人就是看热闹（观望的员工参与—少数人参加—员工行为），那么就在喊说这个要年终奖，许多人跟在后面瞎起哄，正好等厂车也是等嘛，就跟在后面一起，就这

样子，所以你看见好多人一样的（变相取消福利—导火索—刺激因素）。

W：我知道了，他们喊口号了，喊的口号就是大家的心声，所以就带动起来了（积极分子动员—行动动员—刺激因素）。

② Q：这应是我们反思的地方，其实当时的话，发生这个事情的时候就是好多信息在网上，好多信息盘旋在底层，绕来绕去，你传我、我传你（利用互联网、手机等公开表达诉求—舆论的推波助澜—刺激因素），那这个声音呢没有完全上升到主管那里。其实那时候只要抑制到导火线，不管是什么事情，即使不是或者某个事件比如说有个争吵事件，员工就会把这种事情引导到这方面来（管理者和员工的激烈冲突—导火索—刺激因素）。

③ Q：因为他们也不是说怎样组织，他只是讲说有这个诉求，就这样子。

W：弄了一个牌子一喊，正好人多，然后就一起了（传单、纸条等传递—舆论的推波助澜—刺激因素）。

W：估计你们都被吓坏了吧，因为我自己我就自己看视频在那，不是咱们公司的，因为这样的视频也挺多的，然后我就看那么多人，零零散散的，大家一起，感觉就是那个人黑压压的一片，我都觉得我看的时候，我心里都挺那个的（观望的员工参与—少数人参加—员工行为）。

经过以上分析过程，并未发现群体性劳资冲突发展阶段有新的概念和范畴，也未发现这些因素间新的关系，因而基于扎根理论下的群体性劳资冲突发展阶段的类别和编码是饱和的,结论是可信的。

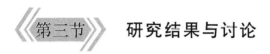

第三节　研究结果与讨论

研究结果与讨论主要从两方面进行阐述,分别为理论模型构建和理论模型分析。在理论模型构建中主要从模型建构和模型阐释两方面进行分析。在理论模型分析中主要从刺激因素、员工心理变化、行为决策因素和员工行为四部分进行分析。

一、群体性劳资冲突发展阶段嬗变机理的理论模型

1. 模型建构

在"刺激因素→员工心理变化→行为决策因素→员工行为"这一故事线的基础上,揭示了群体性劳资冲突发展阶段的 D-SPDB 嬗变机理理论模型,其中,"D-"代表发展阶段(Development state);"S"代表刺激因素(stimulate);"P"代表员工心理变化(psychology);"D"代表行为决策因素(decision);"B"代表员工行为(behavior),具体如图 4-9 所示。

2. 模型阐释

群体性劳资冲突发展阶段 D-SPDB 嬗变机理模型阐释为:受导火索事件强烈情景刺激,在行动动员和舆论的推波助澜下,少数员工参与到群体性劳资冲突中,其他员工基于看热闹

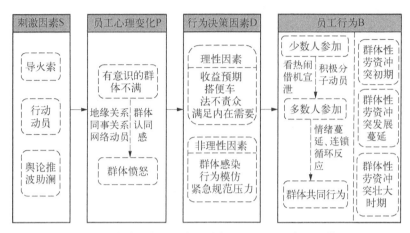

图 4-9 群体性劳资冲突发展阶段 D-SPDB 嬗变机理模型图

等不同动机聚集,受到感染,形成群体认同感,员工心理由有意识的群体不满逐渐演变为群体愤怒,为争取利益和借机宣泄,出于法不责众和匿名心理,员工参与人数迅速增加;员工间相互影响、暗示和感染,在情绪蔓延和连锁循环反应中,形成情绪与行为的结构性传导,群体行为手段升级。

二、群体性劳资冲突发展阶段嬗变机理的理论模型分析

主要从刺激因素、员工心理变化、行为决策因素和员工行为四方面分析群体性劳资冲突发展阶段嬗变机理的理论模型。

1. 刺激因素

刺激因素指影响群体性劳资冲突发生的因素。通过上述编码发现,与刺激因素紧密相关的范畴主要有三个:"导火索""行动动员"和"舆论的推波助澜"。

(1) 导火索

导火索即一些能够促进事件进一步发展的偶然爆发的事件。本书通过数据资料及分析过程来看，"导火索"这一二阶概念包括"未按约定支付工资""变相取消福利""工作环境差""过度加班""伙食太差""增加产量定额""解雇员工"和"管理者和员工激烈冲突"，支持性证据见表4-8。

表4-8 支持二阶概念"导火索"的证据

未按约定支付工资	物流公司倒闭，拖欠了快递公司数百员工的工资
变相取消福利	原因是工厂取消高温津贴，厂方的理由是，厂内有空调，不需要高温津贴。他们之前每年6—10月都有高温津贴，室内工作是100元/月，室外工作是150元/月
工作环境差	矛盾的爆发点是员工对工作环境太恶劣、工作太累以及工资低而累积的不满
过度加班	超负荷加班，休息少，劳动强度大
伙食太差	因为员工在饭里吃到虫子而引起的
增加产量定额	厂里发了一个通知，规定新的产量定额，如果完不成，就不给安排加班。而那个产量标准是大多数员工完不成并且不能接受的。如果按照新的规定，意味着很多员工将没有班加，拿不到占工资比例一大半的加班费；或者是员工更加拼命地提高做工速度，并且免费加班达到产量
解雇员工	当企业效益不好，开始减少加班的时候，员工就会因为工资低而主动离开工厂；也有一些工厂主动裁员
管理者和员工激烈冲突	在床上一个星期，老是发烧。我去请假，组长是我老乡，但是讲话很难听，我骂人都是进厂学的。我们发生了激烈冲突，我就说要辞工。跟她说没用，我就决定去找老板

(2) 行动动员

行动动员即以提升行动规模与发生概率为目的，由积极分子发起并借助网络鼓励尽可能多的人参与其中的一种行为。本书通过数据资料及分析过程来看，"行动动员"这一二阶概念包括

"积极分子动员""发传单"和"动员通道",支持性证据见表4-9。

表4-9 支持二阶概念"行动动员"的证据

积极分子动员	比如老员工通过人脉关系带动了一批员工,或者技术员工和基层管理在部分员工中进行动员
发传单	这些不满都写到了员工的心坎里。打印好后,他们把传单发到每个宿舍里去,鼓励其他员工一起参与
动员通道	手机、网络等媒介的使用,使得员工之间信息交流渠道通畅

(3)舆论的推波助澜

舆论的推波助澜即通过人际沟通互动不断造势,在一定程度上推动了事件的发展。本书通过数据资料及分析过程来看,"舆论的推波助澜"这一二阶概念包括"传单、纸条等传递""利用互联网、手机等公开表达诉求""媒体的采访"和"老乡群（QQ/微信）、论坛传递消息",支持性证据见表4-10。

表4-10 支持二阶概念"舆论的推波助澜"的证据

传单、纸条等传递	有带头者制作传单、纸条,进行鼓动和传递消息
利用互联网、手机等公开表达诉求	互联网和手机的普及,使得员工有更多途经公开表达自己的诉求
媒体的采访	他们进政府大院后,要求这家媒体也进去,因为他们之前报道了该厂倒闭事件,感觉比其他电视台有用
老乡群（QQ/微信）、论坛传递消息	大多数员工喜欢运用网络上传群体性劳资冲突的现场照片,让外界了解情况

2.员工心理变化

员工心理变化即员工个体与员工集体受到内部因素与外部因素的刺激而产生的主观不满情绪以及心理上的变化。通过上述编码发现,与员工心理变化紧密相关的范畴主要有两个:"有意识的群体不满"和"群体愤怒"。

(1) 有意识的群体不满

有意识的群体不满即全部群体成员在有意识的前提下，共同产生的对事情的不满情绪。本书通过数据资料及分析过程来看，"有意识的群体不满"这一二阶概念包括"集体变相怠工"和"集体放慢生产速度"，支持性证据见表4-11。

表4-11 支持二阶概念"有意识的群体不满"的证据

集体变相怠工	由于晚上拒绝加班，第二天早上八点也没人接白班，聚餐时，大家合计，如果厂方因此开人，他们就集体走人
集体放慢生产速度	假如形成默契——尤其是变相怠工、集体放慢生产速度的默契——形成就会更顺利些

(2) 群体愤怒

群体愤怒即通过共同意识将个体的不满情绪扩散至整个群体，并最终实现群体认同。本书通过数据资料及分析过程来看，"群体愤怒"这一二阶概念包括"企业辱虐管理""员工集体停工"和"员工打砸厂区内岗亭、商店、大门等"，支持性证据见表4-12。

表4-12 支持二阶概念"群体愤怒"的证据

企业辱虐管理	管理者经常先站在一旁让员工自己挑，员工挑不出了，管理者就来挑，然后以此训斥员工。有时厂长或经理也下车间来指手画脚，动辄大喊大叫挑员工的毛病。总之，管理者"除了和员工吵架，就没别的事了"
员工集体停工	傍晚六点时，不知谁提出了停工，拒绝晚上加班（事后老板追究是谁提出的，但员工们认为这并不重要）。全车间当即一致赞成
员工打砸厂区内岗亭、商店、大门等	愤怒的员工们把厂区里所有的岗亭砸烂，还掀翻了用铁栏做的围墙，甚至园区的大门都被砸烂

3.行为决策因素

行为决策理论主要是指由于人自身的知识、想象力以及计算力的限制，在错综复杂的现实决策环境中，不能完全理性地思考问题，人的有限理性使其更倾向于运用直觉而非逻辑推理方法分析未来状况，而知觉的偏差总会影响人的准确判断。知觉上的偏差即决策者片面地看待问题，误将部分信息视为认知对象。通过上述编码发现，与行为决策因素紧密相关的范畴主要有两个："理性因素"和"非理性因素"。

(1) 理性因素

理性因素即可以指导、解释、预见认识活动的因素，主要包括人的理性直观、理性思维等能力。本书通过数据资料及分析过程来看，"理性因素"这一二阶概念包括"收益预期""搭便车""法不责众"和"满足内在需要"，支持性证据见表4-13。

表4-13 支持二阶概念"理性因素"的证据

收益预期	他们参加的理由，觉得会涨工资
搭便车	在谈的过程中，很多员工都知道了，学徒与文员表示了支持，但他们不知道该怎么办，就表示跟着积极分子走
法不责众	好像不去上班厂里也没办法，反而还引起厂方的重视，他们也想浑水摸鱼玩一天，所以也停工了。有些上夜班的，也跟着他们那两条线的去玩，不去上夜班
满足内在需要	劳动疲累的员工们都因为得以休息而很兴奋，也停下了工作

(2) 非理性因素

非理性因素能够控制并调节主体的认识活动与认识能力，主要包括：动力作用、诱导作用以及激发作用。本书通过数据资料及分析过程来看,"非理性因素对人的认识活动的发生与停止、对主体认识能力的发挥与抑制起着重要的控制和调节作用理性因素"这一二阶概念包括"从众心理""群体感染""模仿行为"和"紧急规范压力",支持性证据见表4-14。

表4-14 支持二阶概念"非理性因素"的证据

从众心理	许多参与的员工不是因为响应动员或号召,而只是因为"看到别人不上班了,自己也放下工作"
群体感染	有人说今天晚上不上班了,之前大家虽然没说什么,但是一有人提出来,其他人都纷纷响应了
模仿行为	一个员工从车间里拿了杯子又出来了。接着,陆续回车间的员工(包括昨晚一起去吃饭的技术车间四个组长)也都拿着杯子或其他的个人物品,从车间里出来。显然,他们要集体"站到一边去",也就是集体辞工
紧急规范压力	管理都知道,如果员工胜利,他们也有好处,所以他们并没有阻拦员工,或要求他们复工

4. 员工行为

员工行为指的是在群体性劳资冲突中,由于刺激因素、员工心理变化以及行为决策的影响而引起员工行为的变化。通过上述编码发现,与员工行为紧密相关的范畴主要有三个:"少数人参加""多数人参加"和"群体共同行为"。部分示例如下。

(1) 少数人参加

少数人参加即真正参加行动的人数比较少,而静观其变的人非常多。本书通过数据资料及分析过程来看,"少数人参加"这一二阶概念包括"个别停止工作"和"观望的员工参与",支持性证据见表4-15。

表 4-15 支持二阶概念"少数人参加"的证据

个别停止工作	做了一会,其中一个员工将手中的产品扔了,并且鼓动大家停工,员工们陆续走出车间
观望的员工参与	有些员工当晚同意,但有很多员工不敢,在此期间仍正常去上班。当取得一定的胜利后,其他车间员工开始效仿

(2) 多数人参加

多数人参加即参加事件的人占大多数,并纷纷表明自身的不满情绪。本书通过数据资料及分析过程来看,"多数人参加"这一二阶概念包括"不约而同停工"和"响应号召走出车间",支持性证据见表 4-16。

表 4-16 支持二阶概念"多数人参加"的证据

不约而同停工	旁边还有一个超音波房,他们的工作是通过高温把两层布粘在一起。在外面穿线,里面的员工都是我们以前的同事。他们在里面抱怨,说太累了,不干了。后来又到外面来说我们不要干了,把组长赶走
响应号召走出车间	一直以来累积了诸多不满的员工,积极响应了 J 的号召,J 又鼓动其他楼层的员工,员工们陆续走出车间,来到厂内操场

本章小结

本章主要从研究目的、研究设计、研究过程和研究结果与讨论四部分研究群体性劳资冲突酝酿阶段的嬗变机理。运用扎根理论方法和 Nvivo11 Plus 质性软件对群体性劳资冲突事件的相关资料(编码资料来源见第一章导论)进行开放式编码,再进一步分析总结进行主轴编码和选择性编码,最终总结出群体性劳资冲突发展阶段 D-SPDB 嬗变机理。

经过研究发现,发展阶段共得到未按约定支付工资、变相取消福利、工作环境差等 35 个开放式编码，经过进一步的分类，共归纳导火索、行动动员、舆论的推波助澜、有意识的群体不满、群体愤怒、理性因素、非理性因素、少数人参加、多数人参加和群体共同行为十个主轴编码，再进一步归纳总结，提炼出刺激因素、员工心理变化、行为决策因素和员工行为四个选择性编码。围绕这四个选择性编码，将故事线概括为：刺激因素→员工心理变化→行为决策因素→员工行为。

在"刺激因素→员工心理变化→行为决策因素→员工行为"这一故事线的基础上，通过分析群体性劳资冲突发展阶段编码结果，揭示了群体性劳资冲突发展阶段 D-SPDB 嬗变机理模型，该模型阐释为：受导火索事件强烈情景刺激，在行动动员和舆论的推波助澜下，少数员工参与到群体性劳资冲突中，其他员工基于看热闹等不同动机聚集，受到感染，形成群体认同感，员工心理由有意识的群体不满逐渐演变为群体愤怒，为争取利益和借机宣泄，出于法不责众和匿名心理，员工参与人数迅速增加。员工间相互影响、暗示和感染，在情绪蔓延和连锁循环反应中，形成情绪与行为的结构性传导，群体行为手段升级。

第五章
群体性劳资冲突平息阶段的嬗变机理

本章运用访谈法和扎根理论方法从研究目的、研究设计、研究过程和研究结果与讨论四部分研究群体性劳资冲突平息阶段 F-SPDB 嬗变机理。第一，研究目的为：构建群体性劳资冲突平息阶段 F-SPDB 嬗变机理的理论模型，为平息群体性劳资冲突提供支持。第二，研究设计主要从研究对象、扎根理论的研究方法、研究工具和编码的信效度分析四部分进行研究。其中研究对象为平息阶段的群体性劳资冲突事件的相关资料，研究工具运用的是 Nvivo11 Plus。第三，运用扎根理论的研究方法对案例资料进行开放式编码、主轴编码和选择性编码。经过研究发现，共得到补发欠薪、带头人的劝说、担心公司报复等 28 个开放式编码，经过进一步的分类，共归纳政府层面、企业层面、工会层面、风险预期、承受压力、个人需求满足、相信政府妥善解决、对高层的信任、部分诉求得到满足、少数人复工和多数人复工十一个主轴编码，再进一步归纳总结，提炼出刺激因素、员工心理变化、行为决策因素和员工行为四个选择性编码。最后，围绕"刺激因素→员工心理变化→行为决策因素→员工行为"这一故事线，揭示群体性劳资冲突平息阶段 F-SPDB 嬗变机理模型。

本章的逻辑架构图如图 5-1 所示。

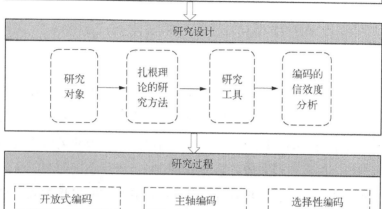

图 5-1 群体性劳资冲突平息阶段嬗变机理逻辑架构图

第一节　研究目的和设计

一、研究目的

本章主要运用访谈法和扎根理论方法研究群体性劳资冲突平息阶段 F-SPDB 嬗变机理。首先，研究者共整理了平息阶段 16.3 万字左右的访谈资料。然后，对群体性劳资冲突事件的相关资料（编码资料来源见第一章导论）运用逐字逐句编码法提取开放式编码，进一步分析、提炼主轴编码和选择性编码。最后，本章总结了群体性劳资冲突平息阶段 F-SPDB 嬗变机理，为平息群体性劳资冲突提供支持。

二、研究设计

本章的研究设计主要包括五个方面，分别为研究对象、研究方法、研究工具、数据的搜集与整理和编码的信效度分析。

1. 研究对象

本书以群体性劳资冲突事件的相关资料作为研究对象，将群体性劳资冲突事件的相关资料分为酝酿阶段案例材料、发展阶段案例材料和平息阶段案例材料。平息阶段案例材料命名为 PX 材料 1、PX 材料 2、PX 材料 3、PX 材料 4、PX 材料 5……PX 材料 25。

2. 扎根理论的研究方法

扎根理论以收集与分析资料为核心，资料分析方法是开放式编码、主轴编码与选择性编码。

3. 研究工具

借助由 QSR 开发的 Nvivo11 Plus 软件对研究资料进行定性分析。Nvivo11 Plus 主要是通过其复杂的工作区对大量的文本信息、多媒体信息进行处理，确保研究人员对数据进行规范、系统性的处理。Nvivo11 Plus 具备非常强大的编码功能，工作区可以建立许多节点，即用以归纳编码资料的编码容器。研究人员在节点处存放其获得的有关资料并从中发现规律、模式以及想法。所以，编码是指按照一定的标准，如题目、主题、案例等进行研究材料的搜集，而节点有助于资料的整理，是编码过程中必不可少的。

4. 编码的信效度分析

（1）编码的信度分析

为了确保编码数据的一致性，首先要检验节点的编码结果的信度，然后才可以进行数据分析。同意度百分比与 K 系数是 Nvivo 中对一般编码的进行信度分析的方法。其中，同意度百分比（信度）= 相互同意的编码数量/（相互同意的编码数量＋相互不同意的编码数量）。同意度百分比既可以采用两个研究人员各自的编码结果进行比较，也可以是同一个研究人员在不同时间段内对材料进行的两次编码结果进行比较。通常而言，如果同意度百分比低于 70% 时，则代表两次编码结果的一致性较低。本书选用第一种方法，即通过比较两个不同的研究人员对材料的编码结果判断编码数据的一致性。

在导航列中选择"查询"菜单，在右侧的项目列表窗中单击右键，选择"编码比较"功能，弹出"编码比较查询"窗口，将第一位编码研究者添加到用户组 A 中，用户组 B 为第二次编码的研究者，"位置"选择的是所有节点，"作用域"选择的是 PX 材料 5。

点击"运行"按钮即可得到两次编码比较结果。

需要注意的是，结果中同意度百分比 100% 指的是在该材料中两个研究者都没有编码。对 PX 材料 5 所有节点两次编码的同意度百分比均在 85% 以上，说明两位研究者对 PX 材料 5 的编码的一致性较高。

（2）编码的效度分析

在质性研究中，所谓"效度"是指研究结果与结果之外的部分，诸如研究者、研究目的、研究对象、研究方法以及研究情境等，之间的一种"关系"，也就是"一致性"。质性研究要求多重性的效度，质性研究不易获得较好的外部效度，但必须保证严格的内部效度。效度在质的研究与量的研究中是有差别的，测查研究结果实质上等同于检验整个研究过程。

本书检验效度采取的是原始资料佐证法，即利用研究中搜集到的大量的丰富原始资料充当论证研究结果的重要依据，从而使研究结论的效度得到提高。研究人员可以参照原始资料检验自己的研究结论，将与原始资料最契合的结论挑选出来。

第二节 研究过程

一、开放式编码

1. 资料的录入

利用 Nvivo11 Plus 进行分析时,首先在打开的软件中建立新项目"群体性劳资冲突平息阶段演化机理";其次将整理成 doc 格式的案例以内部资料的形式导入。导入的具体操作步骤:单击"数据"—"创建",选择要导入的文档,点击打开即可。

2. 编码过程

(1) 编码方法

开放式编码是通过分析软件建立自由节点完成的。本书对收集到的材料进行逐字分析,每当发现一个意义单元便建立一个自由节点,并赋予其一个全新的概念,即初始概念。赋予新概念的过程即概念化,也就是将收集到的资料划分成不同的独立成分,如事件、事例、想法或行动,并给予每个成分相应的名称。新名称的最佳来源便是访谈过程中的话语,尤其是可以用作初始概念的访谈对象的原话,即所谓的本土概念。像"失去经济补偿金的风险""部门联动维持治安""企业适当调高薪资水平""设立员工关系组""没收厂牌的风险"和"员工觉得坚持失去意义"等。下面的材料内容节选自案例材料,附注在句子或词组后面的括号中的名称即为本书给出的初始概念。

在办公室把我们的诉求记下来,他说会交到总公司,尽快处理。以后每个月搞一次福利会,在一起聚会,吃点蛋糕什么的。下午又散了。我去车间看了下有没有人上班。经理找到我,说"出门在外是朋友,我们是兄弟,以后没钱找我"之类的。(劳资双方集体谈判)

其他员工不敢动,主要原因是:如果没拿离岗证出去,被行政部的人抓了就会被没收厂牌。没收厂牌其实不会导致罚款或开除,但是不能打卡了。(没收厂牌的风险)

同时还提到工厂的许多福利待遇,比如员工做满一年,就会有2个月的"经济补偿金"。(失去经济补偿金的风险)

市政府出面协调,要求员工先复工后谈判,工厂改变不合理制度,说服了员工放弃"不合理"要求,要求公司调整或增加了员工的房租、伙食、交通补贴。(工厂改变不合理制度)

员工提出的要求包括支付经济补偿金,企业与员工谈判,答应发放经济补偿金。(发放经济补偿金)

吃完饭,有的人去打卡,打完卡继续去外面坐着,或者在外面小店门口玩,或者回宿舍。(员工各自去吃饭、休息)

刚开始大家不同意,都没人过去签。代表先过去签了,都说"没办法了,只有这样了",后来几个胆小的也去签了。(少数人签复工协议)

结果"员工慢慢散了",最后"大家都找熟人扎堆,慢慢觉得坚持已经没有意义了"。(员工觉得坚持失去意义)

进车间后,人比较散了,力量就没那么大了。工厂部门

多,有的部门人少,才一二十人。老大一凶,给点压力,员工们就开工了。(多数人回到工作岗位)

说"不上班不干活就走人"之类的话,员工慢慢就开始工作。部门之间是玻璃门,那边的员工看到这边开始作业,就都开始工作了。(慢慢恢复工作秩序)

(2) 编码步骤

运用 Nvivo11 Plus 软件对其内部材料进行编码,在 Nvivo11 Plus 软件中编码的具体操作如下所示。

先双击要编码的内部材料,其次选中要编码的句子,最后右击选择编码,根据句子建立节点。

3. 编码结果

运用 Nvivo11 Plus 进行开放式编码,在平息阶段中,共从资料中抽象出"补发欠薪""带头人的劝说""担心公司报复"等28 个节点,共 62 个参考点(见表 5-1)。

表 5-1 平息阶段开放式编码部分示例

一阶概念(28)	代表性原始语句(典型例证)
部门联动维持治安	包括武警、公安、防暴部队、治安巡防甚至交通协管
靠前指挥、积极对话	1. 镇长去了,说政府会尽快解决他们的事情 2. 劳动监察大队的人让大家回去,政府会尽快解决他们的问题
及时隔离、阻断连锁	1. 但"保安见一个人就往里面推,聚不起来" 2. 交警、保安大队大约几十个人,拉起了警戒线,把员工围了起来,但留了一个进出的门 3. 大量群众围观,导致交通堵塞几个小时。而后警察疏导,答应协助解决,人群这才散开
制定处置方案	于是,老板就让人打印出解决方案,张贴在厂里

(续表)

一阶概念（28）	代表性原始语句（典型例证）
劳资双方集体谈判	在办公室把我们的诉求记下来，他说会交到总公司，尽快处理。以后每个月搞一次福利会，在一起聚会，吃点蛋糕什么的。下午又散了。我去车间看了下有没有人上班。经理找到我，说"出门在外是朋友，我们是兄弟，以后没钱找我"之类的
确立在员工中的威信	工会应该学会引导员工，以此尝试确立在员工中的威信
发出谈判邀约	工会还发出谈判邀约
没收厂牌的风险	其他员工不敢动，主要原因是：如果没拿离岗证出去，就会被没收厂牌。没收厂牌其实不会导致罚款或开除，但是不能打卡了
失去经济补偿金的风险	同时还提到工厂的许多福利待遇，比如员工做满一年，就会有2个月的"经济补偿金"
担心公司报复	刚开始都义愤填膺的，但涉及利害关系的话，就会退缩。一方面想只要有人闹，该得到的大家都会得到；同时又考虑到自己要在工厂生存，担心会被老板和管理人员穿小鞋
害怕被炒	如果继续参与，害怕被炒鱿鱼
企业适当调高薪资水平	工会人员、厂方问员工的要求，大家没有统一的意见和加薪标准。第三天，厂方主动提出加底薪，并且补发7、8月份的底薪和加班费
企业补发欠薪	工厂的确作出了改善，补发欠薪
工厂改变不合理制度	市政府出面协调，要求员工先复工后谈判，工厂改变不合理制度，要求公司调整或增加了员工的房租、伙食、交通补贴
镇长、村委会成员等到现场	员工开始找村委。镇长亲自去了，说政府会尽快解决他们的事情
政府出面解决	政府、公安部门都派人来了。政府让老板给闹事的员工把工资发了。老板于是真给他们发了工资
高管斡旋	扮演中立、温和的权威角色，以公司老总加人大代表身份博取员工信任，进行斡旋
发放经济补偿金	员工提出的要求包括支付经济补偿金，企业与员工谈判，答应发放经济补偿金
补发欠薪	员工提出补发之前工厂拖欠几个月的工资、加班费等要求，企业补发欠薪

(续表)

一阶概念（28）	代表性原始语句（典型例证）
设立员工关系组	企业设立员工关系组，目的是员工有意见可以直接反映
员工各自去吃饭、休息	1. 员工就自己跑去饭堂吃饭。傍晚，员工慢慢散了，交警也走了 2. 吃完饭，有的人去打卡，打完卡继续去外面坐着，或者在外面小店门口玩，或者回宿舍
少数人回到工作岗位	签署复工协议后，员工们回到工作岗位，但是大家只是坐着，不干活，如果主管看到了，员工们就动一动，要不就不动
少数人签复工协议	刚开始大家不同意，都没人过去签。代表先过去签了，都说"没办法了，只有这样了"，后来几个胆小的也去签了
带头人的劝说	说"不上班不干活就走人"之类的话，员工慢慢就开始工作
员工觉得坚持失去意义	由于停工毫无组织，没有核心，没有计划，临时提议的行动又被交警所拦，结果"员工慢慢散了"，最后"大家都找熟人扎堆，慢慢觉得坚持已经没有意义了"
多数人回到工作岗位	1. 后来第二天开始要求产量，就慢慢恢复秩序了 2. 还有人说第二天继续停工，结果到了第二天照样上班。原因是第二天大家准备继续停工，但到了厂门口，保安见一个人就往里面推，聚不起来，就没法停工了 3. 进车间后，人比较散了，力量就没那么大了。工厂部门多，有的部门人少，才一二十人。老大一凶，给点压力，员工们就开工了
慢慢恢复工作秩序	要求员工工作，说"不上班不干活就走人"之类的话，员工慢慢就开始工作。部门之间是玻璃门，那边的员工看到这边开始作业，就都开始工作了

每个参考点后的节点覆盖率，就代表该节点所对应的编码内容在整个案例中字数占的比率。

平息阶段：部门联动维持治安已编码 7 个参考点，材料来源 6 个，该节点的参考点数量所占比例为 11.29%；靠前指挥、积极对话已编码 4 个参考点，材料来源 3 个，该节点的参考点数量所占比例为 6.45%；及时隔离、阻断连锁已编码 7 个参考点，材料来源4个，该节点的参考点数量所占比例为11.29%；劳资双方集体谈判已编码3个参考点，材料来源3个，该节点的参考点数量所占比例为4.84%；制定处置方案已编码4个参考点，材料来源4个，该节点的参考点数量所占比例为6.45%；确立在员工中的威信已编码3个参考点，材料来源3个，该节点的参考点数量所占比例为4.84%；发出谈判邀约已编码1个参考点，材料来源1个，该节点的参考点数量所占比例为1.61%；没收厂牌的风险已编码2个参考点，材料来源2个，该节点的参考点数量所占比例为3.23%；失去经济补偿金的风险已编码2个参考点，材料来源2个，该节点的参考点数量所占比例为3.23%；担心公司报复已编码1个参考点，材料来源1个，该节点的参考点数量所占比例为1.61%；害怕被炒已编码1个参考点，材料来源1个，该节点的参考点数量所占比例为1.61%；企业适当调高薪资水平已编码1个参考点，材料来源1个，该节点的参考点数量所占比例为1.61%；企业补发欠薪已编码1个参考点，材料来源1个，该节点的参考点数量所占比例为1.61%；工厂改变不合理制度已编码1个参考点，材料来源1个，该节点的参考点数量所占比例为1.61%；政府出面解决已编码2个参考点，材料来源1个，该节点的参考点数量所占比例为3.23%；高管斡旋已编码1个参考点，材料来源1个，该节点的参考点数量所占比例为1.61%；发放经济补偿金已编码1个参考点，材料来源1个，该节点的参考点数量所占比例为1.61%；补发欠薪已编码2个参考点，材料来源2个，该节点的参考点数量所占比例为3.23%；设立员工关系组已编码1个参考点，材料来源1个，该节点的参考点数量所占比例为1.61%；员工各自去吃饭、休息已编码4个参考点，材料来源2个，该节点的参考点数量所占比例为6.45%；少数人回到工作岗位已编码1个参考点，材料来源1个，该节点的参考点数量所占比例为1.61%；少数人签复工协议已编码2个参考点，材料来源2个，该节点的参考点数量所占比例为3.23%；组织不够完善已编码3个参考点，材料来源2个，该节点的参考点数量所占比例为4.84%；带头人的劝说已编码1个参考点，材料来源1个，该节点的参考点数量所占比例为1.61%；员工觉得坚持失去意义已编码1个参考点，材料来源1个，该节点的参考点数量所占比例为1.61%；多数人回到工作岗位已编码3个参考点，材料来源2个，该节点的参考点数量所占比例为4.84%；慢慢恢复工作秩序已编码1个参考点，材料来源1个，该节点的参考点数量所占比例为1.61%。具体如表5-2所示。

表5-2 开放式编码

开放式编码	材料来源	参考点	该节点的参考点数量所占比例
部门联动维持治安	6	7	11.29%
靠前指挥、积极对话	3	4	6.45%
及时隔离、阻断连锁	4	7	11.29%
劳资双方集体谈判	3	3	4.84%
制定处置方案	4	4	6.45%
确立在员工中的威信	3	3	4.84%
发出谈判邀约	1	1	1.61%

(续表)

开放式编码	材料来源	参考点	该节点的参考点数量所占比例
没收厂牌的风险	2	2	3.23%
失去经济补偿金的风险	2	2	3.23%
担心公司报复	1	1	1.61%
害怕被炒	1	1	1.61%
企业适当调高薪资水平	1	1	1.61%
企业补发欠薪	1	1	1.61%
工厂改变不合理制度	1	1	1.61%
政府出面解决	1	2	3.23%
高管斡旋	1	1	1.61%
发放经济补偿金	1	1	1.61%
补发欠薪	2	2	3.23%
设立员工关系组	1	1	1.61%
员工各自去吃饭、休息	2	4	6.45%
少数人回到工作岗位	1	1	1.61%
少数人签复工协议	2	2	3.23%
组织不够完善	2	3	4.84%
带头人的劝说	1	1	1.61%
员工觉得坚持失去意义	1	1	1.61%
多数人回到工作岗位	2	3	4.84%
慢慢恢复工作秩序	1	1	1.61%

4. 对开放式编码结果分析的举例说明

本书主要从关键词检索分析、聚类分析、开放式编码参考点频次和覆盖率及矩阵查询四个方面进行开放式编码结果分析的举例说明。关键词检索分析指的是以某个关键词进行精确的查询并且可以看到与关键词相联系的前后句子。开放式编码参考点频次和覆盖率指的是在某个案例资料中出现的开放式编码参考点的个数以及覆盖率。矩阵编码是将行和列的项目两两之间进行逻辑比较，并从选择的项目中，搜寻出至少含其中一项目见搜寻条件的编码内容。

（1）关键词检索分析

为了检验25个内部材料的材料2、材料5、材料10、材料14、材料18、材料19和材料20是否与经济补偿金有关，我们对文本进行关键词检索。以"经济补偿金"为关键词精确查询，参考点结果显示：编码33个参考点，其中，材料2中1个参考点，覆盖率为0.07%；材料5中22个参考点，覆盖率为0.94%；材料10中1个参考点，覆盖率为0.11%；材料14中2个参考点，覆盖率为0.17%；材料18中3个参考点，覆盖率为0.31%；材料19中1个参考点，覆盖率为0.07%；材料20中3个参考点，覆盖率为0.46%。具体如图5-2所示。

（2）聚类分析

聚类分析具体步骤如下所示。

先选择探索菜单栏下的聚类分析。

接下来选择节点，点击下一步，在聚类依据下选择编码相似性，使用相似性度量下选择Jaccard系数。

点击完成，可以选择水平树状图，3D聚类图，圆形图和2D聚类图。

（3）开放式编码参考点频次和覆盖率

开放式编码参考点个数。在统计方面，需要对节点进行频

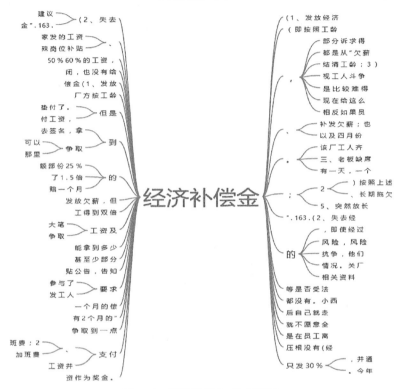

图 5-2 经济补偿金-结果预览

次的统计,形成统计图。本书通过对 25 个内部材料中名为 PX 材料 7 中的开放式编码参考点进行统计。其中,及时隔离、阻断连锁的参考点个数为 4,员工各自去吃饭、休息的参考点个数为 3,多数人回到工作岗位的参考点个数为 2,带头人的劝说的参考点个数为 1,慢慢恢复工作秩序的参考点个数为 1,少数人签复工协议的参考点个数为 1,劳资双方集体谈判的参考点个数为 1。

开放式编码覆盖率百分比。在统计方面，需要对节点进行覆盖率的统计，形成统计图。本书通过对 25 个内部材料中名为 PX 材料 7 中的编码参考点进行统计。其中，及时隔离，阻断连锁的覆盖率百分比为 4.14%，员工各自去吃饭、休息的覆盖率百分比为 3.08%，多数人回到工作岗位的覆盖率百分比为 3.03%，劳资双方集体谈判的覆盖率百分比为 1.92%，少数人签复工协议的覆盖率百分比为 1.63%，慢慢恢复工作秩序的覆盖率百分比为 0.8%，带头人的劝说的覆盖率百分比为 0.69%。

（4）矩阵查询

矩阵编码是借助软件的查询功能完成的，通过两两比较行与列的项目之间的逻辑关系，并从所选的项目中，找到至少含其中一项目见搜寻条件的编码内容。在导览视窗中选择查询文件夹，并于弹出的项目列表视窗中单击鼠标右键添加新的矩阵编码查询，在其中选择"添加至项目"，在常规标签中描述并命名该次查询，如此可以确保这种查询方式只需改变参数便可执行。

接着切换到矩阵编码条件标签，在行中选择节点政府层面和企业层面中的部门联动维持治安，靠前指挥、积极对话、及时隔离、阻断连锁，劳资双方集体谈判和制定处置方案；在列中节点选择工会层面和风险预期中的确立在员工中的威信、发出谈判邀约、没收厂牌的风险和失去经济补偿金的风险。

与关键词搜索或条件编码不同，矩阵编码的结果是通过表格展示出来的，每一个储存格代表行项目与列项目的逻辑比较看法，如表 5-3 所示，而行列项目比较的结果则通过在相应的储存格中双击鼠标左键便可查看。

表 5-3 矩阵编码结果

	A：没收厂牌的风险	B：失去经济补偿金	C：发出谈判邀约	D：确立在员工中的
1：劳资双方集体谈判	5	5	4	6
2：制定处置方案	6	6	5	7
3：部门联动维持治安	9	9	8	10
4：及时隔离，阻断	9	9	8	10
5：靠前指挥，积极	6	6	5	7

借助工具列上的图表将原始资料、节点、属性及查询所得结果以图表形式进行展示。

进行图表的矩阵功能参数设置过程并不复杂，首先，图表项选择通过以上查询条件所得到的结果，内容显示选项选择相应内容诸如编码来源计数，图表显示类型中选择需要的类型，本书选择的是雷达图和3D柱状图，就可以得到矩阵图形。

二、主轴编码

1. 主轴编码方法

通过开放式编码发掘的范畴意义和关系仍较为广泛和模糊，而第二阶段的主轴编码则侧重于将各个独立的范畴联系起来，发现与建立不同范畴间的潜在联结关系。通过分析发现各范畴在概念层面上确实存在内在联系，并根据其相互关联和逻辑顺序，再次进行重新归类，共归纳政府层面、企业层面、工会层面、风险预期、承受压力、个人需求满足、相信政府妥善解决、对高层的信任、部分诉求得到满足、少数人复工和多数人复工十一个主范畴，把部门联动维持治安，靠前指挥、积极对话和及时隔离、阻断连锁归为一类，命名为"政府层面"；把劳资双方集体谈判和制定处置方案归为一类,命名为"企业层面";把确立在员工中的威信和发出谈判邀约归为一类,命名为"工会层面";把没收厂牌的风险和失去经济补偿金的风险归为一类,命名为"风险预期";把担心公司报复和害怕被炒归为一类,命名为"承受压力";把企业适当调高薪资水平,企业补发欠薪和工厂改变不合理制度归为一类,命名为"个人需求满足";把镇长、村委会成员等到现场和政府出面解决归为一类,命名为"相信政府妥善解决";把高管斡旋归为一类,命名为"对高层的信任";把发放经济补偿金,补发欠薪和设立员工关系组归为一类,命名为"部分诉求得到满足";把员工各自去吃饭、休息,少数人员开始回到工作岗位和少数人签复工协议归为一类,命名为"少数人复工";把组织不够完善,带头人的劝说,员工觉得坚持失去意义,多数人回到工作岗位和慢慢恢复工作秩序归为一类,命名为"多数人复工"。具体如表5-4所示。

表5-4 平息阶段主轴编码示例

主 范 畴	对 应 范 畴
政府层面	部门联动维持治安
	靠前指挥、积极对话
	及时隔离、阻断连锁
企业层面	劳资双方集体谈判
	制定处置方案
工会层面	确立在员工中的威信
	发出谈判邀约
风险预期	没收厂牌的风险
	失去经济补偿金的风险

(续表)

主 范 畴	对 应 范 畴
承受压力	担心公司报复
	害怕被炒
个人需求满足	企业适当调高薪资水平
	企业补发欠薪
	工厂改变不合理制度
相信政府妥善解决	镇长、村委会成员等到现场
	政府出面解决
对高层的信任	高管斡旋
部分诉求得到满足	发放经济补偿金
	补发欠薪
	设立员工关系组
少数人复工	员工各自去吃饭、休息
	少数人员开始回到工作岗位
	少数人签复工协议
多数人复工	组织不够完善
	带头人的劝说
	员工觉得坚持失去意义
	多数人回到工作岗位
	慢慢恢复工作秩序

2. 主轴编码结果

本书将得到的28个开放式编码按其所属层次进行归类，共归纳政府层面、企业层面、工会层面、风险预期、承受压力、个人需求满足、相信政府妥善解决、对高层的信任、部分诉求得到满足、少数人复工和多数人复工十一个主范畴，具体如图5-3、图5-4所示。

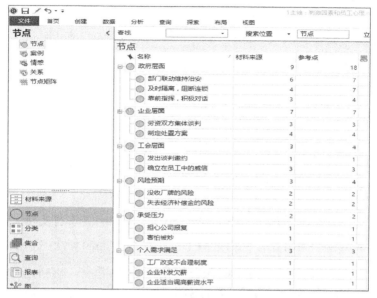

图 5-3 主轴编码示意图

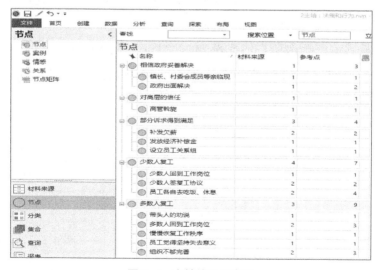

图 5-4 主轴编码示意图

综上所述，政府层面已编码 18 个参考点，材料来源 9 个，开放式编码频次所占的比例为 29.03%；企业层面已编码 7 个参考点，材料来源 7 个，开放式编码频次所占的比例为 11.29%；工会层面已编码 4 个参考点，材料来源 3 个，开放式编码频次所占的比例为 6.45%；风险预期已编码 4 个参考点，材料来源 3 个，开放式编码频次所占的比例为 6.45%；承受压力已编码 2 个参考点，材料来源 2 个，开放式编码频次所占的比例为 3.23%；个人需求满足已编码 3 个参考点，材料来源 3 个，开放式编码频次所占的比例为 4.84%；相信政府妥善解决已编码 3 个参考点，材料来源 1 个，开放式编码频次所占的比例为 4.84%；对高层的信任已编码 1 个参考点，材料来源 1 个，开放式编码频次所占的比例为 1.61%；部分诉求得到满足已编码 4 个参考点，材料来源 3 个，开放式编码频次所占的比例为 6.45%；少数人复工已编码 7 个参考点，材料来源 4 个，开放式编码频次所占的比例为 11.29%；多数人复工已编码 9 个参考点，材料来源 3 个，开放式编码频次所占的比例为 14.52%。具体见表 5-5 所示。

表 5-5 主轴编码

主轴编码	材料来源	开放式编码的频次	开放式编码频次所占的比例
政府层面	9	18	29.03%
企业层面	7	7	11.29%
工会层面	3	4	6.45%
风险预期	3	4	6.45%

(续表)

主 轴 编 码	材料来源	开放式编码的频次	开放式编码频次所占的比例
承受压力	2	2	3.23%
个人需求满足	3	3	4.84%
相信政府妥善解决	1	3	4.84%
对高层的信任	1	1	1.61%
部分诉求得到满足	3	4	6.45%
少数人复工	4	7	11.29%
多数人复工	3	9	14.52%

3. 对主轴编码结果分析的举例说明

(1) 主轴编码参考点频次

主轴编码参考点个数。在统计方面，需要对节点进行频次的统计，形成统计图。本书通过对25个内部材料中名为PX材料2中的编码参考点进行统计。其中，组织不够完善的参考点个数为2，多数人复工的参考点个数为2，企业适当调高薪资水平的参考点个数为1，个人需求满足的参考点个数为1，风险预期的参考点个数为1，少数人回到工作岗位的参考点个数为1，少数人复工的参考点个数为1，设立员工关系组的参考点个数为1，部分诉求得到满足的参考点个数为1，部门联动维持治安的参考点个数为1，政府层面的参考点个数为1，制定处置方案的参考点个数为1，企业层面的参考点个数为1。

(2) 主轴编码覆盖率

主轴编码覆盖率百分比。在统计方面，需要对节点进行覆盖率的统计，形成统计图。本书通过对 25 个内部材料中名为 PX 材料 2 中的编码参考点进行统计。其中，部门联动维持治安的覆盖率百分比为 1.5%，政府层面的覆盖率百分比为 1.5%，企业适当调高薪资水平的覆盖率百分比为 1.46%，个人需求满足的覆盖率百分比为 1.46%，组织不够完善的覆盖率百分比为 0.88%，多数人复工的覆盖率百分比为 0.88%，少数人回到工作岗位的覆盖率百分比为 0.81%，少数人复工的覆盖率百分比为 0.81%，设立员工关系组的覆盖率百分比为 0.65%，部分诉求得到满足的覆盖率百分比为 0.65%，制定处置方案的覆盖率百分比为 0.63%，风险预期的覆盖率百分比为 0.59%，企业层面的覆盖率百分比为 0.59%。

三、选择性编码

选择性编码又被称为三级编码或核心编码，主要目的是为了发现核心类别。

1. 选择性编码方法

在分析过程中，选择性编码既以建立的树节点为基础，以定义关系为纽带，连接核心概念与范畴，又对各节点之间的关系、节点与项目之间的关系进行更深入的探讨。具体而言，通过综合分析从材料中抽取的全部概念范畴找出核心范畴，该核心范畴即归纳、总结全部已知概念类别而得。核心范畴是研究主题的代表，具有引领研究工作的作用，并且将核心范畴与其他范畴连接在一起可以进行关系陈述，从而系统地对研究进行解释说明。所以，核心范畴成了研究过程中普遍且重要的一种现象，它可以将大部分研究结论归结到一个相对宽泛的理论范围中，继而反复对比概念、进行理论抽样，不断将概念的抽象层次进行提升，最后抽象出一个具有较高抽象度、较强包含性的概念，即核心范畴。

本书从"政府层面""企业层面"和"工会层面"抽象出"刺激因素"这个核心范畴，从"风险预期""承受压力"和"个人需求满足"抽象出"员工心理"这个核心范畴，从"相信政府妥善解决""对高层的信任"和"部分诉求得到满足"抽象出"行为决策"这个核心范畴，从"少数人复工"和"多数人复工"抽象出"员工行为"这个核心范畴，具体如表5-6所示。

表5-6 平息阶段选择性编码示例

类别	二级编码	一级编码
刺激因素	政府层面	部门联动维持治安
		靠前指挥、积极对话
		及时隔离、阻断连锁
	企业层面	劳资双方集体谈判
		制定处置方案
	工会层面	确立在员工中的威信
		发出谈判邀约
员工心理	风险预期	没收厂牌的风险
		失去经济补偿金的风险
	承受压力	担心公司报复
		害怕被炒
	个人需求满足	企业适当调高薪资水平
		企业补发欠薪
		工厂改变不合理制度

(续表)

类　别	二级编码	一级编码
行为决策	相信政府妥善解决	镇长、村委会成员等到现场
		政府出面解决
	对高层的信任	高管斡旋
	部分诉求得到满足	发放经济补偿金
		补发欠薪
		设立员工关系组
员工行为	少数人复工	员工各自去吃饭、休息
		少数人员回到工作岗位
		少数人签复工协议
	多数人复工	组织不够完善
		带头人的劝说
		员工觉得坚持失去意义
		多数人回到工作岗位
		慢慢恢复工作秩序

2. 选择性编码结果

通过对群体性劳资冲突的相关资料抽象出的部门联动维持治安、劳资双方集体谈判、制定处置方案、确立在员工中的威信、发出谈判邀约、没收厂牌的风险、失去经济补偿金的风险、担心公司报复、害怕被炒、企业适当调高薪资水平、企业补发欠薪、工厂改变不合理制度、政府出面解决、高管斡旋、发放经济补偿金、补发欠薪、设立员工关系组、少数人员回到工作岗位、少数人签复工协议、组织不够完善等开放式编码的继续剖析和政府层面、企业层面、工会层面、风险预期、承受压力、个人需求满足、相信政府妥善解决、对高层的信任、部分诉求得到满足、少数人复工、多数人复工 11 个主范畴的深入分析，在与原始资料比较互动的基础上，本书提炼出"刺激因素""员工心理变化""行为决策因素"和"员工行为"四个核心范畴。围绕这四个核心范畴，将故事线概括为：刺激因素→员工心理变化→行为决策因素→员工行为，具体如图 5-5 和图 5-6 所示。

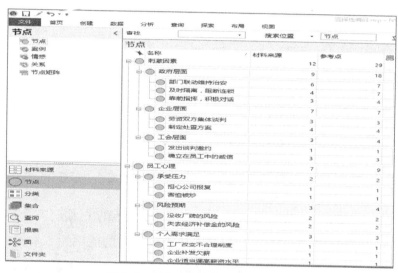

图 5-5　平息阶段选择性编码示意图

综上所述，选择性编码刺激因素包括政府层面、企业层面和工会层面，其中导火索已编码 18 个参考点，材料来源 9 个，开放式编码频次所占的比例为 29.03%；企业层面已编码 7 个参考点，材料来源 7 个，开放式编码频次所占的比例为 11.29%；工会层面已编码 4 个参考点，材料来源 3 个，开放式编码频次所占的比例为 6.45%。选择性编码员工心理包括风险

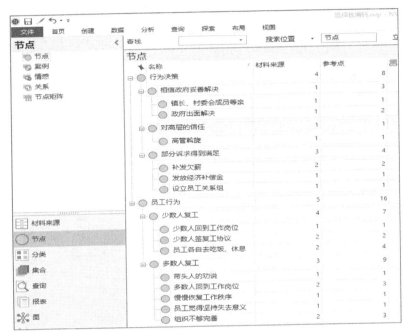

图 5-6 平息阶段选择性编码示意图

预期、承受压力和个人需求满足,其中风险预期已编码 4 个参考点,材料来源 3 个,开放式编码频次所占的比例为 6.45%;承受压力已编码 2 个参考点,材料来源 2 个,开放式编码频次所占的比例为 3.23%;个人需求满足已编码 3 个参考点,材料来源 3 个,开放式编码频次所占的比例为 4.84%。选择性编码行为决策包括相信政府妥善解决、对高层的信任和部分诉求得到满足,其中相信政府妥善解决已编码 3 个参考点,材料来源 1 个,开放式编码频次所占的比例为 4.84%;对高层的信任已编码 1 个参考点,材料来源 1 个,开放式编码频次所占的比例为 1.61%;部分诉求得到满足已编码 4 个参考点,材料来源 3

个，开放式编码频次所占的比例为 6.45%。选择性编码员工行为包括少数人复工和多数人复工，其中少数人复工已编码 7 个参考点，材料来源 4 个，开放式编码频次所占的比例为 11.29%；多数人复工已编码 9 个参考点，材料来源 3 个，开放式编码频次所占的比例为 14.52%。具体见表 5-7。

表 5-7 选择性编码

选择性编码	主轴编码	材料来源	开放式编码的频次	开放式编码频次所占的比例
刺激因素	政府层面	9	18	29.03%
	企业层面	7	7	11.29%
	工会层面	3	4	6.45%
员工心理	风险预期	3	4	6.45%
	承受压力	2	2	3.23%
	个人需求满足	3	3	4.84%
行为决策	相信政府妥善解决	1	3	4.84%
	对高层的信任	1	1	1.61%
	部分诉求得到满足	3	4	6.45%
员工行为	少数人复工	4	7	11.29%
	多数人复工	3	9	14.52%

3. 对选择性编码结果分析的举例说明

（1）选择性编码参考点频次

选择性编码参考点个数。在统计方面，需要对节点进行频次的统计，形成统计图。本书通过对 25 个内部材料中名为 PX 材料 5 中的编码参考点进行统计。其中，行为决策的参考点个数为 5，相信政府妥善解决的参考点个数为 3，部分诉求得到满足的参考点个数为 2，政府出面解决的参考点个数为 2，少数人签复工协议的参考点个数为 1，少数人复工的参考点个数为 1，员工行为的参考点个数为 1，补发欠薪的参考点个数为 1，发放经济补偿金的参考点个数为 1。

(2) 选择性编码覆盖率百分比

在统计方面，需要对节点进行覆盖率的统计，形成统计图。本书通过对 25 个内部材料中名为 PX 材料 5 中的编码参考点进行统计。其中，行为决策的覆盖率百分比为 3.25%，相信政府妥善解决的覆盖率百分比为 2.14%，政府出面解决的覆盖率百分比为 1.69%，部分诉求得到满足的覆盖率百分比为 1.12%，补发欠薪的覆盖率百分比为 0.65%，少数人签复工协议的覆盖率百分比为 0.57%，少数人复工的覆盖率百分比为 0.57%，员工行为的覆盖率百分比为 0.57%，发放经济补偿金的覆盖率百分比为 0.46%。

四、理论饱和度检验

本书选择某企业的访谈记录进行理论饱和度的检验，依次进行开放式编码—主轴编码—选择性编码，饱和度检验节选如下。

① W：所以像这种事情发生的时候，我们觉得公司内的主要干部可能第一时间到场，然后公司内的主要干部第一时间到场，根据现场情况赶紧制定怎么处理（制定处置方案—企业层面—刺激因素）。

② Q：之前的话，其实那个事情发生，其实我们也在检讨，

那个实际上，像遇见这种纠纷啊，如果是有问题的话，应该是对应的主管去出面，现场主管是可以出面的，为什么呢，上下主管其实是，我第一时间了解到底是为什么发生，我要去处理这个问题，第二个反映到实际上，有主管问主管，如果说这个是需要管理部出面（高管斡旋—对高层的信任—行为决策）。如果说解决结果不能让大家达成共识，调解委员会要出来，调解委员会不是站在员工一方也不是站在公司一方，因为你这个调解委员会是有法律依据的（确立在员工中的威信—工会层面—刺激因素）。

③ Q: 后来我们各部门也找了带头的人，就各部门找了一个代表。员工后来下午的时候开始也就陆续复工了嘛（带头人的劝说—多数人复工—员工行为）。也找了一些代表过来听听大家的，反正大家也都知道嘛。透过这些人然后再往下传达，看大家这样的处理方式啊，年终奖也有个说法了嘛，看大家还有没有其他的意见建议（企业补发欠薪—个人需求满足—员工心理）。

经过以上分析过程，并未发现群体性劳资冲突平息阶段有新的概念和范畴，也未发现这些因素间新的关系，因而基于扎根理论下的群体性劳资冲突平息阶段的类别和编码是饱和的，结论是可信的。

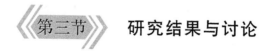

第三节　研究结果与讨论

在本书中研究结果与讨论主要从两方面进行阐述，分别为理论模型构建和理论模型分析。在理论模型构建中主要从模型建构和模型阐释两方面进行分析。在理论模型分析中主要从刺激因素、员工心理、行为决策和员工行为四部分进行分析。

一、群体性劳资冲突平息阶段嬗变机理的理论模型

1. 模型建构

在"刺激因素→员工心理变化→行为决策因素→员工行为"这一故事线的基础上，揭示了群体性劳资冲突平息阶段F-SPDB嬗变机理模型，其中，"F-"代表平息阶段（fading state）；"S"代表刺激因素（stimulate）；"P"代表员工心理变化（psychology）；"D"代表行为决策因素（decision）；"B"代表员工行为（behavior），具体如图5-7所示。

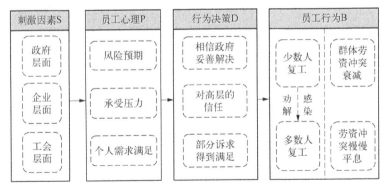

图5-7　群体性劳资冲突平息阶段 F-SPDB 嬗变机理模型图

2. 模型阐释

群体性劳资冲突平息阶段 F-SPDB 的嬗变机理模型阐释为：在政府层面、企业层面和工会层面刺激因素的作用下，员

工受风险预期、承受压力、部分诉求得到满足等因素的影响，相信政府妥善解决，少数人复工，在政府、企业、工会等各方的劝说下，多数员工复工，群体性劳资冲突渐渐平息。

二、群体性劳资冲突平息阶段嬗变机理的理论模型分析

本书主要从刺激因素、员工心理变化、行为决策因素和员工行为四方面分析群体性劳资冲突平息阶段嬗变机理的理论模型。

1. 刺激因素

刺激因素指影响群体性劳资冲突发生的因素。通过上述编码发现，与刺激因素紧密相关的范畴主要有三个："政府层面""企业层面"和"工会层面"。

（1）政府层面

政府会在事件发生后进行介入，如通过集体谈判平息事件，有时也会动用警力。本书通过数据资料及分析过程来看，"政府层面"这一二阶概念包括"部门联动维持治安""靠前指挥、积极对话"和"及时隔离、阻断连锁"，支持性证据见表5-8。

表5-8 支持二阶概念"政府层面"的证据

部门联动维持治安	包括武警、公安、防暴部队、治安巡防甚至交通协管
靠前指挥，积极对话	劳动监察大队的人让大家回去，政府会尽快解决大家的问题
及时隔离，阻断连锁	交警、保安大队大约几十个人，拉起了警戒线，把员工围了起来，但留了一个进出的门

（2）企业层面

企业控制手段一般存在不合理的地方，比如承诺给劳动者

涨工资，但是涨幅非常小；或者当群体性劳资冲突发生后，要求劳动者复工。本书通过数据资料及分析过程来看，"企业层面"这一二阶概念包括"劳资双方集体谈判"和"制定处置方案"，支持性证据见表 5-9。

表 5-9　支持二阶概念"企业层面"的证据

劳资双方集体谈判	在办公室把我们的诉求记下来，他说会交到总公司，尽快处理。以后每个月搞一次福利会，在一起聚会，吃点蛋糕什么的。下午又散了。我去车间看了下有没有人上班。经理找到我，说"出门在外是朋友，我们是兄弟，以后没钱找我"之类的
制定处置方案	于是，老板就让人打印出解决方案，张贴在厂里

（3）工会层面

工会层面是指在群体性事件发生时，工会因员工与企业间产生的问题而向企业发出谈判邀约，并且还要通过确立在员工中的威信来平息这件事情。本书通过数据资料及分析过程来看，"工会层面"这一二阶概念包括"确立在员工中的威信"和"发出谈判邀约"，支持性证据见表 5-10。

表 5-10　支持二阶概念"工会层面"的证据

确立在员工中的威信	工会应该学会引导员工，以此尝试确立在员工中的威信
发出谈判邀约	工会发出谈判邀约

2. 员工心理变化

员工心理变化是指因为刺激因素中的政府层面、企业层面和工会层面导致的员工个体和集体主观上不满的感受以及员工心理的变化情况。通过上述编码发现，与员工心理变化紧密相关的范畴主要有三个："风险预期""承受压力"和"个人需求满足"。

（1）风险预期

通过数据资料及分析过程来看，"风险预期"这一二阶概念包括"没收厂牌的风险"和"失去经济补偿金的风险"，支持性证据见表5-11。

表5-11 支持二阶概念"风险预期"的证据

没收厂牌的风险	其他员工不敢动，主要原因是：如果没拿离岗证出去，被行政部的人抓了就会被没收厂牌。没收厂牌其实不会导致罚款或开除，但是不能打卡了
失去经济补偿金的风险	同时还提到工厂的许多福利待遇，比如员工做满一年，就会有2个月的"经济补偿金"

（2）承受压力

承受压力是指群体性劳资冲突发生后，劳动者需要承担一定的心理压力，比如担心公司报复、害怕被炒等。通过数据资料及分析过程来看，"承受压力"这一二阶概念包括"担心公司报复"和"害怕被炒"，支持性证据见表5-12。

表5-12 支持二阶概念"工会层面"的证据

担心公司报复	担心被穿小鞋，所以复工
害怕被炒	如果继续参与，害怕被炒鱿鱼

（3）个人需求满足

个人需求满足是指企业运用一些方法让劳动者得到满足，比如企业适当调高薪资水平、工厂改变不合理制度等。通过数据资料及分析过程来看，"个人需求满足"这一二阶概念包括"企业适当调高薪资水平""企业补发欠薪"和"工厂改变不合理制度",支持性证据见表 5-13。

表 5-13 支持二阶概念"个人需求满足"的证据

企业适当调高薪资水平	工会人员、厂方问员工的要求,大家没有统一的意见和加薪标准。第三天,厂方主动提出加底薪 30 元,即底薪由 750 元上调到 780 元,并且补发 7、8 月份的底薪和加班费
企业补发欠薪	工厂的确作出了改善,补发欠薪
工厂改变不合理制度	市政府出面协调,要求员工先复工后谈判,工厂改变不合理制度,要求公司调整或增加了员工的房租、伙食、交通补贴

3. 行为决策因素

行为决策理论主要是指由于人自身的知识、想象力以及计算力的限制,在错综复杂的现实决策环境中,不能完全理性地思考问题,人的有限理性使其更倾向于运用直觉而非逻辑推理方法分析未来状况,而知觉的偏差总会影响人的准确判断。知觉上的偏差即决策者片面地看待问题,误将部分信息视为认知对象。通过上述编码发现,与行为决策紧密相关的范畴主要有三个:"相信政府妥善解决""对高层的信任"和"部分诉求得到满足"。

(1) 相信政府妥善解决

相信政府妥善解决是指群体性劳资冲突发生后,员工通过政府人员的行为感觉政府可以帮助解决这件事情。通过数据资料及分析过程来看,"相信政府妥善解决"这一二阶概念包括"政府出面解决",支持性证据见表 5-14。

表 5-14 支持二阶概念"相信政府妥善解决"的证据

镇长、村委会成员等到现场	镇长亲自去了,说政府会尽快解决他们的事情。员工开始找村委
政府出面解决	政府、公安部门都派人来了。政府让老板给员工把工资发了。老板于是真给他们发了工资

(2) 对高层的信任

对高层的信任是指群体性事件发生后,员工相信企业高管会出面解决的。通过数据资料及分析过程来看,"对高层的信任"这一二阶概念包括"高管斡旋",支持性证据见表 5-15。

表 5-15 支持二阶概念"对高层的信任"的证据

高管斡旋	扮演中立、温和的权威角色,获得员工信任,进行斡旋

(3) 部分诉求得到满足

部分诉求得到满足是指在群体性事件发生后,企业通过发放经济补偿金、补发欠薪等一系列行为使员工得到部分满足。通过数据资料及分析过程来看,"部分诉求得到满足"这一二阶概念包括"发放经济补偿金""补发欠薪"和"设立员工关系组",支持性证据见表 5-16。

表 5-16 支持二阶概念"部分诉求得到满足"的证据

发放经济补偿金	员工提出的要求包括支付经济补偿金,企业与员工谈判,答应发放经济补偿金
补发欠薪	员工提出补发之前工厂拖欠几个月的工资、加班费等要求,企业补发欠薪
设立员工关系组	企业设立员工关系组,目的是员工有意见可以直接反映

4. 员工行为

员工行为指的是在群体性劳资冲突中,由于刺激因素、员工心理变化以及行为决策的影响而引起员工行为的变化。通过上述编码发现,与员工行为紧密相关的范畴主要有两个:"少数人复工"和"多数人复工"。

（1）少数人复工

少数人复工是指在群体性事件发生后，企业开始改变自己的一些制度和薪资问题、政府帮忙解决等采取一系列措施使得少数人的诉求得到满足，少部分人开始工作。通过数据资料及分析过程来看，"少数人复工"这一二阶概念包括"员工各自去吃饭、休息""少数人员回到工作岗位"和"少数人签复工协议"，支持性证据见表5-17。

表5-17 支持二阶概念"少数人复工"的证据

员工各自去吃饭、休息	员工就自己跑去饭堂吃饭。傍晚，员工慢慢散了，交警也走了
少数人员回到工作岗位	签复工协议后，员工回到流水线，大家都乖乖待着，但不做事。只见手在动，不见产品下拉。主管不停巡拉，他看到了，员工就动一下
少数人签复工协议	刚开始大家不同意，都没人过去签。代表先过去签了，都说"没办法了，只有这样了"，后来几个胆小的也去签了

（2）多数人复工

多数人复工是指群体性事件发生后，通过一系列措施的改善等使得大部分人需求得到满足，进而使得大多数人开始工作。通过数据资料及分析过程来看，"多数人复工"这一二阶概念包括"组织不够完善""带头人的劝说""员工觉得坚持失去意义""多数人回到工作岗位"和"慢慢恢复工作秩序"，支持性证据见表5-18。

表5-18 支持二阶概念"多数人复工"的证据

组织不够完善	慢慢开始松散了，有人回宿舍。到下午五点，就完全没人管了，也没人送盒饭了
带头人的劝说	说"不上班不干活就走人"之类的话，员工慢慢就开始工作

(续表)

多数人回到工作岗位	还有人说第二天继续停工,结果到了第二天照样上班。原因是第二天大家准备继续停工,但到了厂门口,保安见一个人就往里面推,聚不起来,就没法停工了
慢慢恢复工作秩序	说"不上班不干活就走人"之类的话,员工慢慢就开始工作。部门之间是玻璃门,那边的员工看到这边开始作业,就都开始工作了

本章小结

本章主要从研究目的、研究设计、研究过程和研究结果与讨论四部分研究群体性劳资冲突平息阶段的嬗变机理。本书运用扎根理论方法和 Nvivo11 Plus 质性软件对群体性劳资冲突事件的相关资料(编码资料来源见第一章导论)进行开放式编码,再进一步分析总结进行主轴编码和选择性编码,最终总结出群体性劳资冲突平息阶段 F-SPDB 嬗变机理。

经过研究发现,平息阶段共得到补发欠薪、带头人的劝说、担心公司报复等 28 个开放式编码,经过进一步的分类,共归纳政府层面、企业层面、工会层面、风险预期、承受压力、个人需求满足、相信政府妥善解决、对高层的信任、部分诉求得到满足、少数人复工和多数人复工十一个主轴编码,再进一步归纳总结,提炼出刺激因素、员工心理变化、行为决策因素和员工行为四个选择性编码。围绕这四个选择性编码,将故事线概括为:刺激因素→员工心理变化→行为决策因素→员工行为。

在"刺激因素→员工心理变化→行为决策因素→员工行为"

这一故事线的基础上，通过分析群体性劳资冲突平息阶段编码结果，揭示了群体性劳资冲突发展阶段 D-SPDB 嬗变机理模型，该模型阐释为：在政府层面、企业层面和工会层面刺激因素的作用下，员工受风险预期、承受压力、部分诉求得到满足等因素的影响，相信政府妥善解决，少数人复工，在政府、企业、工会等各方的劝说下，多数员工复工，群体性劳资冲突渐渐平息。

第六章
群体性劳资冲突协调机制的构建

建立群体性劳资冲突的协调机制,不仅有利于经济发展,也关系到社会稳定与和谐劳动关系的构建。本章在第三章酝酿阶段群体性劳资冲突嬗变机理、第四章发展阶段群体性劳资冲突嬗变机理和第五章平息阶段群体性劳资冲突嬗变机理的基础上,借鉴苏州、南京、六盘水等 12 个地区 168 人访谈资料中的先进管理经验,构建群体性劳资冲突不同阶段的协调机制。其中,企业方面,包括人力资源部专员、生产部经理、主任、工段长、班长、车间一线员工等,共计 95 人;工会方面,包括工会主席、工会副主席、工会委员等,共计 28 人;政府方面,包括人力资源和社会保障局局长、劳动关系科科长、劳动监察队队长、劳动人事争议仲裁院院长、群众工作部信访办专委等,共计 45 人。

本章从群体性劳资冲突酝酿阶段协调机制的构建、发展阶段协调机制的构建和平息阶段协调机制的构建三部分进行研究,每一部分都是从协调机制构建的依据和构建协调机制两部分进行深入的研究,针对第三章、第四章和第五章的嬗变机理提出具体的解决对策。

第一节　群体性劳资冲突酝酿阶段协调机制的构建

根据第三章酝酿阶段群体性劳资冲突嬗变机理的理论模型构建群体性劳资冲突酝酿阶段的协调机制。本书从群体性劳资冲突酝酿阶段协调机制构建的依据和群体性劳资冲突酝酿阶段的协调机制两部分，研究群体性劳资冲突酝酿阶段协调机制的构建。从刺激因素、员工心理变化和员工行为三部分研究群体性劳资冲突酝酿阶段的协调机制。本章的逻辑架构图如图6-1所示。

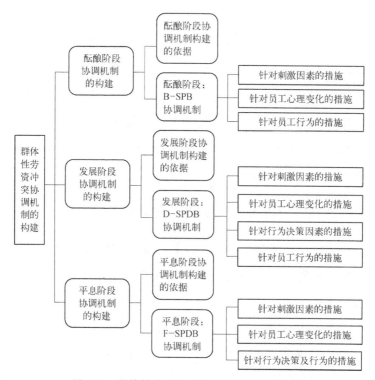

图6-1 群体性劳资冲突协调机制逻辑框架图

一、群体性劳资冲突酝酿阶段协调机制构建的依据

借助扎根理论的研究方法，通过群体性劳资冲突嬗变机理

的分析，我们发现任何一个事件都是由无到有、由小扩大、由大到爆发的。在酝酿阶段，外部环境的变化以及企业内部管理粗暴、工资待遇低、工伤频发等原因导致员工产生了不满心理，长期如此将会导致事件往更深层次发展，所以，酝酿阶段需要及早控制，提前介入。企业应该及时发现员工心理变化，并采取相应的措施，将事件扼杀在摇篮中。

本书根据天津、南京、重庆、无锡、六盘水等地区的企业管理者（生产制造部经理、车间组长、财务总监、人力资源总监等）、工会人员（工会主席、组织委员、工会委员、财务委员、劳动关系专员、安全委员等）以及政府部门人员提到的对群体性劳资冲突酝酿阶段如何应对的经验，提出相应的解决措施。

二、群体性劳资冲突酝酿阶段的协调机制

根据第三章群体性劳资冲突酝酿阶段 B-SPB 嬗变机理的理论模型发现，群体性劳资冲突酝酿阶段分为刺激因素、员工心理变化和员工行为三个方面。根据刺激因素、员工心理变化和员工行为构建群体性劳资冲突酝酿阶段的协调机制。

1. 针对群体性劳资冲突酝酿阶段刺激因素的措施

刺激因素指影响群体性劳资冲突发生的因素。通过第三章的研究发现，在群体性劳资冲突酝酿阶段中，与刺激因素紧密相关的范畴主要有外部因素和内部因素。本书从企业层面、工会层面和政府层面提出针对群体性劳资冲突酝酿阶段刺激因素的措施。企业层面的措施有：针对新生代员工的不同成长环境

和思维方式，企业应适当改变管理形式、气氛、语言和环境；企业重视营造良好的工作氛围；企业建立内部刊物，使员工感受到参与感和企业的认可；企业建立客观公正的行为准则；建立员工沟通大会制度，满足员工的内在需求；用内部客户服务（ASTAR）制度调节员工关系，满足员工的内在需要。工会层面的措施有：工会通过微信、意见箱、员工满意度调查、恳谈会了解员工诉求；工会监督企业营造舒适的工作环境；工会协助或监督企业落实改善措施；工会建立职工代表大会，倾听员工诉求；工会建立"纳谏会"制度，加强员工的法律意识。政府层面的措施有：政府部门应完善群体性劳资冲突事件的仲裁和执法机制；政府强化隐患排查和风险预警；政府监督企业营造良好的用工环境；政府成立预防和解决企业工资拖欠领导小组。

（1）企业层面的措施

本书根据天津、苏州、南京、无锡等地区的企业管理人员（副总裁、技术总监、生产部经理、财务总监等）提到的企业管理经验，提出相应的解决措施，具体解决措施如下：

① 针对新生代员工的不同成长环境和思维方式，企业应适当改变管理形式、气氛、语言和环境。

新生代员工具有与老员工不同的成长环境、思维模式和行为特点。企业传统的管理理念和模式已经无法完全满足新生代员工管理的需求，为防止管理方式不当成为群体性劳资冲突酝酿阶段的刺激因素，企业应增加人性化的劳动关系管理，适当改变管理方式。

新生代员工不喜欢不容变通的规章制度，这些规章制度会使他们为应付这个形式而无暇真正投入工作，太过注重过程的管理方式会让他们失去目标，他们更喜欢目标导向而不是过程导向的管理方式。所以，作为企业的新时代管理人员，要改变企业的管理模式，实现参与式管理模式，要给予新生代员工充足的发挥空间，并且足够肯定他们，让他们感受到管理团队的人性化。

例如，某汽车零部件有限公司针对新生代员工采用不同的管理模式，在形式、气氛、语言和环境四个方面对新生代员工采用不同的管理模式。

② 企业重视营造良好的工作氛围。

良好的工作氛围对员工来说是至关重要的，可以减少群体性劳资冲突的发生。例如，对南京某公司财务总监的访谈。

访谈人："公司的工作氛围是什么样的？"

总监："公司是非常重视工作氛围的，如果有一个好的工作氛围，心情会比较舒畅。我们公司的工作氛围相对来说比较简单，就是简简单单地做事，人和人之间也是简简单单的，相对来说，员工的心情也是比较舒畅的。"

与财务总监的对话可以看出，该公司从员工的心情舒畅方面下功夫，他们的工作氛围比较简单，做好自己的事情并且处理好人与人之间的关系，员工心情舒畅了，工作氛围相对也就和谐了。

③ 企业建立内部刊物，使员工感受到参与感和企业的认可。

企业的管理，关系着群体性劳资冲突是否发生，关系着企业的长久发展。所以说，企业应建立一系列活动，使员工感受到参与感和企业的认可。例如，M企业通过让员工在内部刊物上发表文章等一系列活动，使员工感受到企业的认可，增强工作的信心以及满足感。M企业会根据员工录取的字数给予不同的奖励，不管录取不录取都会有奖励，使员工有参与感。

例如，对M企业的管理人员的访谈。

访谈人："我们内部刊物名字是《和谐之家》，内容很活泼。"

吴："很多员工还是很有才能的，给他们一些发挥的场所。他们认为被认可。"

访谈人："这都是员工自己写的？"

吴："都是自己写的，都有稿费。根据录取的字数，录取不录取都会有些奖励。挺有参与感。这个特别好。这个都是员工自己设计的。还有书法，形式还很多样。他们生活中会有一些小小的惊喜，慢慢这种正能量会扩散。鱼头奖是给绩效卓越的团队，一个常规的奖励。"

④ 企业建立客观公正的行为准则。

A. 对事不对人。S企业在员工关系方面有着自己的行为原则，企业不会因为是管理者就有所偏袒，也不会因为员工反映了问题，员工的班组长会对员工有意见，给员工穿小鞋，S企业的做事准则就是对事不对人，什么事情都是查清楚以后再下定论，就事论事。

例如，对S企业生产部经理的访谈。

访谈者："您好，梁经理，请问您是如何处理员工与员工之间或者员工与组长之间的矛盾的呢?"

生产部经理:"人与人之间相处,矛盾肯定会有的。举个例子,比如员工常会跑到我面前说,某某组长说话的语气不对,或者排班不公平,这种情况都会有的。我们不要立刻下结论,这是谁谁的不对,而是要去了解,查清楚这个事到底是怎么样的,他反映的一些状况,事后处理下来你就会慢慢发现,90%多的矛盾问题,都是沟通不畅造成的。而沟通不畅有很多种状况,假如我是组长的话,员工在那边,可能员工出了一些问题,我讲了他没注意听,我讲了他没听懂,或者是我忘记讲了,基本上都是这几种状况,都是沟通问题。所以我会去找班组长沟通,肯定要,一定要,必须要。我相信,只要叫过来,什么情况一分析,你讲的什么,为什么会存在这种误解啊,大家一起问清楚,基本上没什么问题。我们不会因为某个员工不满组长,我们不查清楚就去训斥组长,也不会因为他是组长你是员工而偏袒组长,我们是对事不对人的,我们就事情本身去查清楚,解决矛盾。"

访谈者:"那车间工人直接去找你反映问题,你再找班组长来协调这个问题,那班组长会不会对找你反映问题的这个员工有些看法呢,认为他是个问题员工?"

生产部经理:"这个就跟公司的文化有关系,如果你的公司你的文化把它当作是问题员工的话,那他就是问题员工,但是公司文化欢迎他去做这种事情的话就不一样了。班组长也会找我投诉他的主管或者经理,我觉得如果大家都是一种行为方式,遵守游戏规则,就不会有这种情况。假如说,我过红绿灯，红灯要停下来，但是如果我就是没见过红绿灯，我就会直接过去，为什么？因为只要有一个规则在这里面，很明确，大家都按这个去做，就没问题，如果都不用红绿灯，就都不用，要用红绿灯就都用。我就觉得大家只要认同这种做法就好，不存在这种把他当作问题员工，穿小鞋之类的，我们就是对事不对人的。这就是我们员工的行为准则，这是很正常的行为。"

B. 维护员工的自信和自尊。S企业是一个比较注重人性化管理的公司，企业会尊重每一个员工的诉求，尤其是企业的管理者们会把这种尊重深入到日常工作的每个方面，让员工感受到自己得到充分的尊重，也让员工学会尊重他人，构建和谐的员工关系。

例如，对S企业生产部经理的访谈。

访谈者："据我所知，S企业比较注重人，也是比较人性化的，员工诉求也是比较能够及时得到快速的解答，而且还可以立即去反映问题，那这个在实施的时候有很大的好处，而且咱们公司的员工是可以越级反映问题的，他们有问题就来找你，但上层的领导者每天都会有很多很重要的事情要处理，或者刚好你有个很紧急会议，而此时员工来找你反映问题，这种时候你该怎么处理呢？"

生产部经理："其实这并不冲突。举个例子，假如在咱们聊天时来电话，我就会接的。然后告诉你说，你好，我现在在忙，然后等一下我会亲自给你打电话等等。接电话会对我们的沟通可能几秒钟的影响，但那边那个人可能也会觉得心里很舒服，他不会觉得自己受到不公平对待。还假如我说我在开会，员工过来找我，我可以说不要烦我，我现在开会很忙，这是一种方式；另外一种方式，我可以讲你先回到岗位上，我等一下，亲自到你的岗位上来找你。那么你回到岗位上去，工厂的经理亲自到你的岗位上来，向你了解情况，他会觉得很舒服，会认为自己得到尊重，你把他的事放在心上了。他过来找你，就一定有什么事找你帮助，你只要把这事认认真真地完成就好了，从尊重他这个角度去出发就好了。"

C. 以身作则。在S企业每一个管理者都会以身作则，企业的管理者会和员工在同一个工作环境中，员工能够及时找到管理者，管理者也很欢迎员工找他们解决问题。

例如，对S企业生产部经理的访谈。

访谈者："您经常到下面的公司去巡视、办公或者是处理事情？"

生产部经理："我就在现场办公，他们有什么事情都可以找我。"

访谈者："就是他们有什么问题基本上可以及时地找到你？"

生产部经理："随时找得到我，这就是一种"open door policy"（"敞开大门"政策），门不要关，随时都可以进来，那你就要有这种文化氛围来支持，否则的话，员工冲到你的办公室，你说的是"open door policy"，员工进来了，你把他当作是来找麻烦的，那这种就是你挂在嘴边的一种噱头。就是说公司的整个文化和理念就是很欢迎员工有什么问题来找自己的，态度上也很热情，事情上尽量去帮他去解决，那要是每个人都这样的话，那有些事情就好解决了。"

⑤ 建立员工沟通大会制度，满足员工的内在需求。

企业通过建立员工沟通大会制度，满足员工的内在需求。例如，S企业注重和员工的沟通，鼓励员工反映问题，因而建立了员工沟通大会制度。通过这种方式不仅会使员工得到公平、公正的对待，而且会让员工觉得他们被认可了，得到了充分的尊重。

例如，对S企业人力资源部HR的访谈。

访谈者："您能详细地介绍一下S企业的员工沟通大会么？"

人力资源部HR："是的，此种员工沟通大会主要有两种形式。第一种就是正常的沟通大会，公司管理层高层在沟通会上进行答疑和回复，有一些问题现场不能答的，沟通会结束后分到各个职能部门，由各个职能的经理给予答复；第二种涉及工人的一些政策，尤其是跟他们切身利益相关的一些政策或者说是我们的一些流程，我们都会邀请员工代表开研讨大会，大家一起来群策群力，通过沟通协商的方式来解决问题。通过这种方式不仅会使员工得到公平、公正的对待，而且会让员工觉得他们被认可了，得到了充分的尊重。"

例如，对S企业车间员工的访谈。

访谈者："你们觉得群体性劳资冲突有哪些利弊呢？"

车间员工："能涨工资，也有涨不了工资的。不好的就是大家都学着停工。当时其他工厂停工对我们没有影响，因为领导答应我们的做到了。我们经常会跟领导开沟通会。大领导一年会沟通一两次，提得好的意见还会发小奖品。大老板是华侨。他害怕员工长时间压抑会爆发。一个公司就跟家庭一样，有些矛盾在心里总有一天会爆发的。"

⑥ 用内部客户服务（ASTAR）制度调节员工关系，满足员工的内在需要。

企业运用内部客户服务（ASTAR）制度调节员工关系，满足员工的内在需求。例如，在 S 企业，有一个特有的"内部客户服务"制度，它把每一位员工当作服务者，他们的同事就是客户，通过这种方式来提升服务意识。

例如，对 S 企业人力资源部 HR 的访谈。

访谈者："员工关系一直都是企业最难处理的问题，也是最重要的问题，那么，在 S 企业是通过怎样的方式来调节员工关系的？"

人力资源部 HR："内部客户服务（ASTAR）制度是我们处理员工关系的其中一种方式。我们会对每个部门进行 ASTAR 的调查，并通过对调查结果的分析，不断改善我们的内部客户服务质量。通过各个部门之间的合作，让被服务部门给服务部门打分，用来了解各部门的工作情况，了解相关部门对本部门工作的满意程度，并将分数与奖金挂钩，促进公司内各部门员工之间的团结合作。"

(2) 工会层面的措施

本书根据天津等地区的工会人员（工会主席、工会委员、财务委员、组织委员、劳动关系专员、安全委员等）提到的工会层面的管理经验，提出相对应的解决措施，具体解决措施如下。

① 工会通过微信、意见箱、员工满意度调查、恳谈会了

解员工诉求。

不同企业工会通过不同的沟通渠道了解员工的诉求，一般工会通过微信、意见箱、员工满意度调查、恳谈会等了解员工的诉求。工会将得到的员工诉求与企业进行协商，尽量满足员工的需求，减少群体性劳资冲突的发生。具体几家企业工会的做法如下：

例如，某公司工会通过建立工会组长沟通会、工会组长微信群、工会满意度调查问卷等渠道来倾听员工的意见。通用半导体（中国）有限公司工会委员会针对2015年年底职代会的议题与公司管理层进行了沟通，并针对员工满意度问卷的问题点提出改善方向；工会就一些员工的交通问题与公司进行了沟通，并与员工代表对沟通结果做了说明，并改善了出门检查的方式；工会邀请公司管理层举办了劳动关系研讨会，就引发劳动争议的几个方面进行了沟通。

例如，F公司工会通过恳谈会、工会意见箱、总经理接待日和总经理意见箱来倾听员工的诉求。其中，恳谈会每月召开一次，全员参加；总经理接待日每两个月一次，员工轮流参加；工会意见箱每周工会委员开启一次；总经理意见箱人事部门每周开启一次。

例如，D公司工会通过手机信息和建立微信群，及时倾听员工信息，及时解决回复；公司工会主席及委员会邮箱公开，随时收发一线员工信息；工会与公司建立班会制度，工会委员会每周参与会议；建立恳谈会制度，工会主席及委员会每季参加会议。

例如，K公司工会用微信发布公司文化和福利制度以及改善创新、学习资料推荐等，用微信建立全员通讯录，接受投诉和举报，随时答疑解难；工会建立每月员工面谈，采用"1-3-6-9"模式，工会主席或委员在场直面各层级员工，接收反馈并答疑；工会每季度开展一次生活、工作、福利、服务等调查，汇总公示，向上反馈调查结果，并督促整改计划；工会在全范围内设22个信箱，每周开启一次，接收反馈意见和建议，公示处理结果和落实责任计划。

例如，J公司工会通过定期座谈、恳谈会和新员工座谈会倾听基层员工心声，新员工座谈会确保每个新进员工都有机会与管理者面对面沟通交流，恳谈会给每一个员工提供一个诉说的渠道；G公司工会采取走访、恳谈、调查问卷、微信等方法真诚倾听呼声，成立服务职工在一线活动领导小组，多渠道搜集职工反馈，把握服务重点，真实反映职工意愿；还有公司工会增设"信息交流"板块，公开工会工作，将工会联络会的商谈内容公开化。

② 工会监督企业营造舒适的工作环境。

员工拥有舒适的工作环境，可提高员工的生产效率以及满足员工的内在需求。工会监督企业营造舒适的工作环境，可减少群体性劳资冲突的发生。例如，天津3家公司工会的具体做法如下：

天津某公司工会考虑到员工站立工作，为了使员工在休息时有一个舒服的环境，工会内部经过商讨后与公司方协商，做出调整方案。首先，增加制热设备，安装卫生间洗手池热水宝；其次，为保证员工身体健康，引进现今最先进的电解水直饮机，保障员工饮水健康；最后，因部分员工宿舍设施相对陈旧，也为员工们更换了新的宿舍，改善了居住环境。

某汽车零部件有限公司工会通过与企业沟通对车间部分区域温度过高问题进行了改善。

X公司工会经过和公司行政方协调解决了员工们最关心的宿舍空调安装问题。

③ 工会建立职工代表大会，倾听员工诉求。

工会建立职工代表大会简称"职代会"，倾听员工诉求，提高员工的满足感，减少群体性劳资冲突的发生。例如，F公司工会依据职工代表工作准则，要求职工代表倾听后记录，处理，或意见可视化；职工代表收集员工意见表，工会委员会不定期抽查、检查职工代表是否履职，对不履职的职工代表进行教育直至更换，职代会对优秀职工代表进行表彰。天津E公司建立职代会制度，2016年E公司工会组织召开职工代表大会，通过基层员工选举共计30名员工代表参加会议，了解员工的诉求，满足员工的内在需求。天津H公司举办职工代表会，工会汇总大家的问卷结果，经过职代会讨论，提炼出大家关注度高、有可行性的方案，有针对性地向公司方提出诉求。

④ 工会协助或监督企业落实改善措施。

工会协助或监督企业落实改善措施，可降低员工的不满，减少群体性劳资冲突的发生。例如，某公司工会协助或监督企业落实改善措施具体如下：工会主导建立改善措施追踪文件夹，将各项改善措施的进度记录在内，共享给工会组长、职工代表、工会委员，随时跟踪监督落实状况。

⑤ 工会建立"纳谏会"制度，加强员工的法律意识。

工会对公司职工进行劳动法律法规的宣传教育，定期组织学习及培训，做好劳动争议的预防工作，防止群体性劳资冲突的发生。例如 E 公司工会为了更好地创造和谐的劳资关系，进一步维护职工的合法权益，坚守工会职责，立足基层，加强与员工间的交流沟通，倾听员工的心声，发挥工会的桥梁纽带作用，将问题及时反馈给公司。通过工会主席接待日、工会例会、纳谏会等制度解决问题，做好预防工作。完善工会职能、制度，搭建倾听的平台，确保倾听渠道畅通，主动配合公司，竭力解决职工关切的热点、难点问题。

公司工会协调行政方定期共同召开纳谏会，包括工会委员、基层职工代表、行政方共同参加会议。会议分三部分进行：第一，听取工会及基层代表意见；第二，三方共同讨论意见可行性；第三，针对讨论通过的可行性意见形成决议加以实施，并及时反馈给基层职工。

（3）政府层面

本书根据六盘水、南京、无锡、重庆等地区的政府部门人员（劳动监察支队、法律事务部部长、仲裁科科长等）提到的政府层面的管理经验，提出相对应的解决措施，具体解决措施如下。

① 应完善群体性劳资冲突事件的仲裁和执法机制。

例如，对六盘水市劳动监察支队张支队长的访谈。

六盘水市劳动监察支队张支队长谈道："有违反劳动法律

法规的违法事实，经过了本人申请，但是问题是，有些申请是三年五年、十年八年后申请的，已经超过两年了，超过了诉讼时效，劳动行政部门要是再受理，就要当被告。这种事情肯定是很麻烦的，要是两年之内没有问题，要是超过两年我们就不能受理，因为受理了就涉及违法。"（六盘水市劳动人事争议仲裁院座谈会）

例如，对K集团法律事务部冉部长的访谈。

K集团法律事务部冉部长谈道："职工心想，反正不找调解组织，直接找仲裁也会受理的，很多职工抱着这种心理，不愿意和单位调解。"（K集团总部座谈会）

以上两个例子说明，这些问题的存在往往是一种外部环境的刺激因素，从酝酿阶段一直刺激着员工，间接导致事件的爆发。

② 政府强化隐患排查和风险预警。

伴随着经济的不断发展，我国群体性劳资冲突事件的形成趋向于多样化，并且发生的频率越来越高。预防群体性劳资冲突事件的发生，是一项综合性的工程，政府必须建立、健全、完善一系列针对性强、行之有效的体制机制，以减少社会矛盾，化解社会矛盾，逐步减少群体性劳资冲突的发生。

政府应建立多层次、动态性的信息监控系统，对企业的用工状况包括用工环境、劳动合同签订、职业安全防护等进行监控，找出存在违法用工的企业进行重点监控并核实，然后立即向上级政府汇报，发出预警通报，组织协调劳动部门、公安机关、检察院等做好预防处置工作。处理劳资纠纷，防止矛盾激化，就必须建立"早发现、早报告、早控制、早化解"的"四早"预警机制。例如，江苏省人力资源和社会保障厅对劳动关系运行进行动态的观测，建立了"三灯"制度，即红灯、黄灯、绿灯，并对红灯企业长期跟踪观测，重点监测数据包括企业员工流动率等。不难看到，很多劳动关系群体性事件，是企业用工制度问题导致的，所以劳动关系群体性事件长效机制，重点在于监测企业用工制度，排查企业违法用工行为，规范企业用工。

例如，对江苏省某政府官员的访谈。

某政府官员在访谈时谈道："总结经验，形成长效机制，一块是联动，银行、工商和用电、用水联动排查的，企业出现不稳定因素，这些机制还是要重新启动起来。梳理排查存在隐患的企业，要求各个市区排查，哪些企业存在经营困难，要让它尽量生存下去，帮助企业渡过难关，地方政府要有数。预警的体系是比较完善的，乡镇政府这几年对劳动纠纷的意识完全不一样了。一个企业一旦出现群体性纠纷，它的管理体制要整个调整，要让它的管理体制级级相应，非公企业里党组织的建设也基本上全面推开了。职工愿意找政府是个好的表现，如果他怨气没法疏导，反倒不是好事。我们必须有畅通的渠道。"

③ 政府监督企业营造良好的用工环境。

政府要营造良好的用工环境，新生代农民工的管理方法确实是不一样，现在的流动率大，矛盾也多。政府抓一些典型的样板，让其他企业做一个示范作用，进行"企业和谐劳动关系巡回演讲"，找十几家各有侧重点的企业。刚性的手段没有，只能用柔性的指导。

例如,对某仲裁科科长的访谈。

某仲裁科科长在访谈时表示:"仲裁涉及的类型主要是劳动报酬和劳动合同终结后的附随义务,调解率72%。协商主要是企业,我们帮助企业建立调解委员会,培训调解员,很多企业人力资源部长兼任工会主席很滑稽。基层调解组织设在街道乡镇,可以处理总数的80%。如果调解不成,还有仲裁委员会。仲裁结束进入诉讼的比例很低,裁审不一致(有新证据新情况的情况比较多)的比例更低,低于1%。《劳动合同法》出台前,主要是工资报酬,现在更加多样化,譬如同工同酬。现在职工维权的范围非常广,包括加班加点,以及其他的福利待遇。变化产生的原因主要是法律法规更加健全,以前都是企业不和员工签,现在都是员工不肯签。一线劳动者招工很有难度。客观来讲是不是对不签劳动合同设置一个过错责任。虽然赋予了企业可以解聘的权利,但企业实际上的招聘成本很高,不可能随意解聘。另外存在人力资源总监自己不签,要求双倍工资的情况。好的方面来讲企业管理更加完善了。"

④ 政府成立预防和解决企业工资拖欠问题领导小组。

工资问题是企业的一大问题,很多群体性劳资冲突发生的原因主要就是由于工资,工资低、拖欠工资、变相降低或者取消福利等等都会成为一种刺激因素。整合多家部门,形成综合执法、联合执法的"组合拳"形式,这样效果才能达到最优。

2. 针对群体性劳资冲突酝酿阶段员工心理变化的措施

员工心理变化是指因为刺激因素中的内部因素和外部因素导致的员工个体和集体主观上不满的感受以及员工心理的变化情况。通过第三章的研究发现，在群体性劳资冲突酝酿阶段中，与员工心理变化紧密相关的范畴主要有三个：分散的个体不满、个体相对剥夺感上升和无意识的群体不满。本书从分散的个体不满、个体相对剥夺感上升和无意识群体不满三个层面提出针对群体性劳资冲突酝酿阶段员工心理变化的措施。针对分散个体不满的措施有：企业建设"知心交谈"文化，化解个体不满；分组管理制度，防止个体不满积聚；塑造快乐的工作环境，化解分散的个体不满；企业真诚沟通，公开透明，防止个体不满的积聚。针对个体相对剥夺感上升的措施有：完善晋升激励机制，满足员工内在需要；工会与企业进行工资集体协商，提高工资、福利待遇。针对无意识群体不满的措施有：建立员工有偿表达机制，鼓励员工表达各自的抱怨；企业及时了解员工思想动态，阻止个体抱怨的形成；企业建立"爱心妈妈"等机构对员工进行心理疏导，阻止无意识群体不满的形成。

（1）针对分散个体不满的措施

本书根据天津、南京、无锡、重庆等地区的企业管理者（生产部部长、财务部长、人力资源部 HR 等）、员工、工会人员等提到的针对分散个体不满的管理经验，提出相对应的解决措施，具体解决措施如下。

① 企业建设"知心交谈"文化，化解个体不满。

企业为增加与员工之间的沟通，化解员工现有的心理不满，专门在原有企业文化中增加一项"知心交谈"作为重点文化建设。"知心交谈"是指员工和员工之间、员工和基层干部之间、基层干部和上级主管之间、上级主管和最高主管之间的沟通。企业希望透过知心交谈达到上下想法一致的目的。为了增加与员工的知心交谈，很多企业专门成立了员工关系小组，隶属于企划科，在管理部下面，主要负责员工访谈、员工调查。员工访谈每周的周五访谈一次，按宿舍楼随机抽取进行访谈，了解一下员工近期的生活以及员工有什么要反映的问题。通过每周五的访谈来搜集员工的意见，搜集完之后上报反映给管理部，由管理部进行改善。员工调查是指管理部针对员工所提问题所做的改善进行员工满意度调查，并将通过满意度调查的改善措施在公布栏公示。

例如，对A企业管理部CSR成员韩小姐的访谈。

访谈人："那您刚才提到的知心交谈具体是怎样的？是谁和谁之间？"

A企业管理部CSR成员韩小姐："知心交谈具体是指沟通，比如说员工和员工之间，还有员工和基层干部之间，基层干部和上级主管之间，上级主管和最高主管之间必须要有沟通。为了增加与员工的沟通，我们专门成立了员工关系小组，同属于企划科，归属于管理部。员工关系小组主要负责员工访谈和员工调查。员工访谈每周五都会做一个，了解一下员工近期的生活以及要反映的问题。然后，员工会讲出来，讲了之后，我们都会把这个信息收集起来，再汇报给对应的部门，然后再做相应的改善。还有就是员工调查，员工调查就是每月进行一次员工对改善措施的一个满意度调查。"

② 分组管理制度，防止个体不满积聚。

分组管理制度是指工会委员会成员选取车间的一线员工担任，他们对其周围员工的情况、工作内容环境等各方面比较熟悉，沟通容易，说服力强。员工遇到问题时就会向工会委员会反映，工会委员会及时与工会联系，工会内部沟通后会与企业沟通。如果此事是小事件，工会和公司会在微信群或者举行临时小会议解释说明；若是大事件，企业需要多次举行三方会议沟通解决。最后沟通的结果需要告知员工，具体可由工会委员组成员传达并粘贴公告，这样个体的不满情绪将会及时得到解决，也就不会积聚成为群体的不满。现在很多企业的工会正在极力实施这个制度，例如，天津某电子公司通过分组管理制度，使得公司方和员工方的想法、理念、努力奋斗的方向达成一致，既维护、保障员工们的利益，又促进企业的稳步发展，共创和谐未来。

③ 塑造快乐的工作环境，化解分散的个体不满。

快乐的企业文化和工作氛围对员工具有极大的吸引力，可以满足员工的心理需求，化解分散的个体不满。

例如，K公司工会进行员工职业生涯沟通改善展示，公司建立创新工作室，通过线上、线下的结合，采用众筹的方式将问题与解决方案结合，实现员工创新改善、工作活力永驻。公司创新改善定期评比，并迅速给予奖励，同时让大家在创新平台露脸，成为企业的创新明星，增强荣誉感和凝聚力。公司通过精兵强将系列活动，鼓励所有员工对自身业务进行钻研，争当本岗位第一人，不断激发员工活力和创造力。

对于企业来讲，要减少员工的不满，就必须关注导致员工不满意的因素，提升员工的满意度。现在有的企业就把自己的企业价值观定位为"四个满意"，也就是企业价值观的四把标尺，即股东满意、客户满意、员工满意、社会满意，其中员工满意的出发点就是员工的心理。具体做法可有如下五点。

A. 保护员工的合法权益不受侵害。S企业会在工作环境、安全操作和合法权益上给予保障。不会随意地开除员工，严格按照国家法律执行。

例如，对S企业生产部梁经理的访谈。

访谈者："你好，梁经理，公司在保护员工权益方面有哪些措施呢？"

生产部梁经理："S企业将美国和中国的制度相结合，相互补充，从根本上保护劳动者的合法权益，尤其是在车间安全和员工工作环境上：在车间安全上，车间工作必须戴安全帽和眼镜，必须戴耳塞；在车间环境上，由于车间温度较高，公司会对线上员工提供免费的饮料，会在屋顶上开天窗以缓解员工的不适，创造良好的车间环境。保证合法经营，严格按照国家的法律制度，尽可能不开除员工，除非员工违反了公司规定的原则性的制度，比如说偷窃等，减少劳动者不必要的损失，保障劳动者合法权益。"

例如，对S企业人力资源部HR的访谈。

访谈者："在S企业如果主动解除劳动合同，你们是怎么处理的呢？"

人力资源部 HR："我们公司很少会主动和员工解除劳动合同的，除非他的这种行为肯定是大家不能够接受的，肯定是'雷区'。你只要发生了这样的情况，我肯定不会说再给你机会，那肯定是要开除的。就比如说偷窃、虚假信息，这些都是属于违法行为，所以这种情况我们不会有余地的，只能解除劳动合同。"

例如，对 S 企业车间员工的访谈。

访谈者："有发生工伤吗？"

车间员工："有。在我们车间工伤几乎是不可能，所以发生工伤都是在其他部门，我们也不是很清楚。发生工伤以后会及时送医院。公司会调查原因，如果是公司，不会惩罚；如果是个人，那是要处分的。工伤都会报到公司，不会由车间处理。发生工伤以后不会因为劳动能力丧失而开除员工。可以换个工种。孕妇有下午工作餐，怀孕以后基本不会在车间工作。晚婚晚育要多一个月，可以休大概 4 个月。"

B. 奖学金计划。S 企业设立了一个"S 企业全球奖学金计划"的项目，旨在帮助正在上大学的公司员工子女，奖学金项目得到了全体员工的大力支持，每年都会有大量的员工报名，通过筛选获得奖学金，公司员工对此项目非常认可。

例如，对 S 企业车间员工的访谈。

访谈者："平常的时候公司都有举办什么活动让员工参加吗？您认为其中哪些比较满意呢？"

车间员工："奖学金计划吧！上次北京市场督导的儿子和家用燃气一个同事的儿子就获得了 S 企业全球奖学金。这个对我们很实用，我想着以后我儿子要是也能获得这个奖学金，我就很开心了，不仅能帮助家庭节省一点，也是个光彩的事嘛！"

C. 自由、公平、公开的岗位制度。在 S 企业，一线员工会定期进行轮岗，将在不同工作岗位的员工轮换工作岗位，这样不仅可以使员工在轮岗过程中学到更多的东西，而且也会找到更加合适自己的岗位，利于员工自身发展。在 S 企业还有内部竞岗制度，即公司出现岗位空缺时，对于公司内部员工来说，他们可以跨部门调动，公平、公正地来竞争此岗位，这可以提升员工对工作的热情。

例如，对 S 企业车间员工的访谈。

访谈者："你们三位有升职的想法吗？"

车间员工："没有。往上升的压力很大，不想有这么多的烦恼。有一个人不想在流水线，想过要跳槽。流水线上太烦，除了本职工作还有许多其他别人的工作，有人不来我要顶替。他们都是像机动部队一样。不是老待在一个地方，轮岗的话必须得竞岗。有岗位缺人会公布所有的要求，你觉得合适的话就去考试面试。组长也是要顶岗的。人员满足的情况下组长不需要顶岗，但大多数是人员不满的，组长就相当于一个机动工。段长烦的比较多，人员、物料等等。"

D. 员工培训。在 S 企业每年都会举办 APEC 青年技能夏令营，来自 APEC 十七个经济体的青年技能夏令营营员和老师分别参观生产线、产品展示厅、研发中心实验室，体验热水器生产的全过程，并在全球中心大会议室和管理层就热水器技术、企业文化建设、员工关系等问题进行沟通。

例如，对 S 企业人力资源部 HR 的访谈。

访谈者："对于员工培训方面，公司会经常安排员工培训么？"

人力资源部 HR："其实我们课堂式的培训还不算多，应该还就是属于比较正常的，说实在的，我个人觉得一线工人的培训是蛮少的，我们就是从安全、质量、岗位操作，还有就是公司的企业文化、公司的薪资福利、公司的政策，这些方方面面应该说比较基础的培训。但是对于一些技术工种我们培训比较多的，而且会定期举办技术交流大会，让大家交流心得。比如一台热水器从原材料进厂到成品入库需要多长时间，技术岗位的准入条件是什么，你们是如何开展岗位培训的，我想知道你们是如何开展企业文化建设的，员工业余时间有哪些活动，我想知道你们的太阳能热水器的热效率是多少，营员们的踊跃提问为成功互动交流打下了基础，而管理层的回答，赢得阵阵掌声，在这个交流平台，能够学习到很多东西。"

E. 家庭活动日（Family Day）和劳动竞赛旅游活动。每年家庭活动日都是 S 企业员工们最开心的日子，活动从启动以来，大家就开始踊跃报名，参与其中，活动主办单位更集思广益、出谋划策。每年的五一、十一都会举办劳动者竞赛，获得优异成绩的可以享受旅游福利。

例如，对 S 企业人力资源部 HR 的访谈。

访谈者："公司对于员工开展了哪些文化活动呢？"

人力资源部 HR："公司每年都会举办家庭活动日，例如把活动日的主题定义为'绿色环保游'。让孩子们在登高望远的同时,还能尽自己的一份努力为紫金山的环保做一份小小的贡献。家庭活动日,就是让员工的家人和孩子零距离接触到工作的地方,感受你在 S 企业的每一天。在你工作的座位上坐一坐,在你用餐的地方吃上一餐,在你工厂里走上一圈……S 企业是一个幸福的大家庭,在工作之余,还让我们感受到了深深的温暖和关爱。每年的五一、十一都会举办劳动者竞赛,获得优异成绩的可以享受公司的旅游福利。"

④ 企业真诚沟通,公开透明,防止个体不满的积聚。

企业制定方针征求职工意见,做到上层思路清晰,心中有数,可减少个体分散的不满。把方案公布后,由下而上,每个部门都参与,每个人都沟通,这是个非常关键的流程。人人参与,公开透明,若是职工还有意见,还有诉求,则继续改进。若是每一项方针都以依法维护职工的权利为原则进行制定,职工的权益便不会受到侵害。

例如,对 K 集团人力资源部邓部长的访谈。

K 集团人力资源部邓部长举例说:"公开透明公正是基础,真诚的沟通是手段和方法,然后依法是原则和底线。资源枯竭,决定关矿,涉及 650 多人,由矿上人力资源部具体执行和操作,最后定下来工作方案,先进行风险评估,对职工进行调研以后再修改工作方案,形成新的工作方案,时不时地和领导沟通,从法律层面确认没有什么后遗症了,在细化具体的措施以后,又进行了风险评估,接着就是告知、公示,先让职工有个消化的过程,然后再征求职工意见,合理地采纳,然后就到了实施阶段。让每一个职工参与这个事情,也充分地采纳他们

的诉求,最后是很平稳地完成了。"(K集团总部座谈会)

(2)针对个体相对剥夺感上升的措施

本书根据天津、南京等地区的企业管理者(生产部部长、人力资源部HR等)、员工、工会人员等提到的解决员工个体相对剥夺感的经验,提出相对应的解决措施,具体解决措施如下。

① 完善晋升激励机制,满足员工内在需要。

职业规划、晋升机会对调动新生代员工热情,提高工作积极性,增强归属感有非常大的作用。如果企业能够充分了解新生代员工,那对于员工和企业来说势必是互利共赢的。一方面,企业应提供适当的受教育与培训的机会给希望得到发展的新生代员工;另一方面,企业可以通过轮岗等方式使工作变得丰富化、多样化一些,为新生代员工提供一些体验的机会,让其随着企业的不断发展而逐步提高。

公司采用360度全方位测评进行人员晋升评鉴,提高员工工作的积极性,增强员工的归属感,满足员工的内在需要。

例如,天津某咨询公司采用360度全方位测评进行人员晋升评鉴,统一采用集团诚信、务实、创新等标准进行360度全方位能力测评,抽取评鉴人主管、同事、部属及关联部门人员进行问卷调查,杜绝人为因素,以人资制订的不同层级能力测评,作为基础能力考核依据,避免异类问题产生。考评问卷在网络上进行填写,保证晋升时间可控。

公司采用员工自主学习调研、青年论坛等一系列晋升通道,提高员工的内在满足感。

例如，Y公司的晋升通道有两个：员工自主学习调研和青年论坛。员工自主学习调研目的是掌握员工的自主学习情况和培训需求，为员工提供更好的学习和提升的机会，为公司发现自主学习型人才，公司工会在全公司范围内开展自主学习情况摸底调查。员工自主学习调研形式为问卷调查，采取网络填写形式，问题涉及对自己岗位的描述、学习类型、学习目标、学习计划、业余时间利用情况、对公司的建议和期望等。青年论坛的开展目的是深入探讨推进企业发展的新思路和新举措，广泛征询企业又好又快发展的好思路和好措施，发掘各领域的优秀青年人才。青年论坛的主题有公司生产经营、人才培养、企业文化建设、发展质量提高、履约能力提升、盈利文化打造、基础设施转型等企业发展的各个方面。

② 工会与企业进行工资集体协商，提高工资、福利待遇。

工会与企业进行工资集体协商，提高工资、福利待遇，可增强员工的生产效率，使其个体相对剥夺感降低。

例如，天津某零部件公司工会与企业进行工资集体协商，将全体员工工资上调10%，并且奖金从300%增加至400%，员工发放节日礼品标准上调33%，降低其员工的个体相对剥夺感。

例如，天津某电子公司工会征集员工意见，提高员工的各项福利，如季度用品、生日卡、节日慰问品发放等等，降低其个体相对剥夺感，提高员工的满意度。

例如，某汽车零部件公司工会通过与企业沟通将工资上调7%，住房补贴由150元上调至200元，为员工争取了每月一次特别餐活动，降低其员工的个体相对剥夺感。

（3）针对无意识群体不满的措施

本书根据南京等地区的企业管理者（制造部部长、车间主任等）提到的阻止无意识群体不满发生的经验，提出相对应的解决措施，具体解决措施如下。

① 建立不满情绪疏导机制，防止无意识群体不满形成。

不满情绪疏导机制是指将员工对企业的不满进行及时有效的疏导，避免不满的加深扩大。企业建立不满情绪疏导机制，阻止个体相对剥夺感的上升。员工的不满可能源于企业的管理方式，比如较为严苛的管理；也可能源于企业日常管理的不善，比如厂车拥挤、餐厅不卫生等；还可能源于企业和员工之间因为工资待遇差距大、保险福利、职业保护等有关权利义务方面的问题。企业如果发现员工不满的因素，要及时进行处理；对于员工的合理诉求，企业应予重视并做出改善；对于不合理且超出企业底线的诉求，企业应给予充分的说明。

② 政府建立员工心声表达渠道，防止无意识群体不满形成。

由于员工和企业之间的地位力量相对悬殊，员工向管理人员提出意见，企业的很多管理人员也不会把员工的意见放在心上。相比向企业讨要说法，员工更愿意向政府部门寻求权益的维护，所以政府可以利用网站、电子邮件、公共意见箱、公共电话、传真等为员工提供一个心声表达的平台。这样一是有利于员工不满情绪的发泄，二是有利于员工利益诉求的及时解决。

③ 企业建立"爱心妈妈"等机构对员工进行心理疏导，阻止无意识群体不满的形成。

员工心理问题不仅可以是员工对企业的态度、情感、认知等，还可以是员工由自身而产生的心理问题。员工心理上的问题会间接影响到企业的生产效率，严重的话还可能导致极端事件的发生。所以，为员工进行心理疏导是非常有必要的。例如企业可以成立心理疏导室，为员工排解各种困惑，疏导心理压力；建立员工关爱中心，为员工解决各种实际问题。为方便员工诉求的表达，也为及时了解员工的想法，企业设置了工会、"爱心妈妈"、信访员、企业内部调解委员会等各种组织。"爱心妈妈"、企业内部调解委员会由工会进行管理。"爱心妈妈"是专门为员工提供帮助、解决各种问题的组织，由车间中亲和力比较强、人缘比较好的员工担任，这样员工可以随时跟爱心员工交流，爱心员工为其提供帮助。企业内部调解委员会是由调解主任、信访员和调解员组成，由工会管理。信访员从班组长任命而来，主要负责搜集员工意见；调解委员会成员均为调解员，主要负责处理劳资纠纷，共同参与协调、执行涉及劳动者切身利益的重大方案，预防并减少劳动争议的发生。每周工会成员碰头开例会，对员工反映的问题以及员工近期的情况编写报告，每月由工会主席向上级工会园区总工会汇报工作。工会是员工的利益维护组织，员工可以向工会反映各种问题，寻求权益的维护。A企业之前只有行政部门来负责员工福利、关怀、活动策划。自工会成立以来，工会不仅可以帮助企业的上下级搭建一个有效的沟通平台，方便员工诉求的表达，也有利于企业及时发现存在的"隐患"，避免劳资冲突的发生；同时工会还组织很多文体活动,既丰富员工的业余生活,又有利于工会的组织文化建设,更能增加员工对企业的认同感。

例如,对 A 企业生产制造质保部陈经理的访谈。

访谈人:"您是怎样看待集体争议事件的呢?"

A 企业生产制造质保部陈经理:"这个集体争议更可能是没有第一时间去做沟通,然后导致误会的不断升级,最后的话,矛盾更加恶化,所以我个人觉得还是平时多一些对员工的关心。像我们公司不是成立了工会嘛,额外的话还有一个'爱心妈妈'的组织,而且不止一个,分布在员工周围有很多个,那日常的话就是多关心一下他们的生活。了解一下他们在工作中或者是生活当中,包括日常情绪的异常,那我们会跟他沟通,一方面如果是员工自己的困难,那么我们会去帮助他解决;另一方面,不可避免的是可能会有一些人有对公司的意见或者是投诉。那我觉得让他们有更多的渠道去倾诉,这样会比较好。那就是工会下面还有一个调解委员会也会定期地去做一些沟通,定期地跟员工展开知心沟通。如果发现有问题的话,员工有一个渠道去反映而不会激化到停工那种程度。然后的话,就是做一些协调的工作。"

例如,对 A 企业生产制造部王经理的访谈。

访谈人:"关注员工心理,你对领班、主管的管理风格有何要求?"

生产制造部王经理:"情境领导。不同的人不同的管理风格,不同的员工的需求点不同。我也要求领班、主管情境领导。假设我的资深主管,他肯定能力很强,我安排他做一些事情，我跟他沟通时，一般不会太多批评，他自己做错，他自己会意识到；但是我带了多年的员工，我就会严格批评，时间长了，不能让他翘尾巴。这个就是情境领导的要求，20世纪60年代就有人提出来了。有些人吃软，有些人吃硬的。"

例如，对某企业生产部吴经理的访谈。

生产部吴经理："90后员工和70后员工的需求很不同。70后寄钱回家，现在的90后都奉行吃光用光，信息也更发达，他们懂得也更多。他们要求公司把他当人而不是机器，所以，我们搞了很多活动以增强员工的归属感。公司有规定制度，错了就处罚，好的就奖励，有这种奖惩机制。"

访谈人："如何让员工感受到尊重呢？"

生产部吴经理："对于主管领导，从小方面多交流、多关爱他们，而不只是指派工作，让他们感受到工作是有意义的。我们有考级，从进来2、3、4级，表现好的员工会升到技术员，提到领班、主管。现在的员工也都有自己的发展要求。他做了四五年，也有发展的需求。内部晋升通道也比较好，员工也可以转岗。"

访谈人："主要是靠班组长观察来反映？"

生产部吴经理："对管理层进行培训吧。他们自己也作为打工的人员，自己也有自己的情绪，怎么用正面的情绪而不是负面的情绪去影响员工。我们也听过一些公司有知心大姐，知心大姐自己也陷入了郁闷的情绪。那不是你放一个知心大姐的形式在那，知心大姐没有这个能力去管理好去引导好的话，也不用限制这个形式。"

3. 针对群体性劳资冲突酝酿阶段员工行为的措施

员工行为指的是在群体性劳资冲突中,由于刺激因素和员工心理变化的影响而引起员工行为的变化。通过第三章的研究发现,在群体性劳资冲突酝酿阶段中,与员工行为紧密相关的范畴主要有三个:"个体分散的抱怨""非正式关系网络互动"和"初级无意识层面的共同抱怨"。本书针对群体性劳资冲突酝酿阶段员工行为提的建议有:建立员工有偿表达机制,鼓励员工表达各自的抱怨;企业及时了解员工思想动态,阻止个体抱怨的形成;实时监测事件关联者的反应,对于个别抱怨行为要及时进行心理干预和情绪疏导;工会及时与企业沟通,防止员工共同抱怨形成。

本书根据天津、南京、重庆等地区的企业管理者(生产制造部经理、车间组长等)提到的针对群体性劳资冲突酝酿阶段员工行为的经验,提出相对应的解决措施,具体解决措施如下。

(1)建立员工有偿表达机制,鼓励员工表达各自的抱怨

为了鼓励员工表达,企业专门构建有偿表达机制。有偿表达机制是指为了鼓励员工表达自己对企业的不满、建议、诉求等所采取的给予奖励的方法,表达的内容涵盖很多方面,企业日常的管理上存在的问题比如厂车、餐厅、宿舍、管理方式等,企业薪资、保险福利待遇、劳动安全卫生等有关权利义务方面的问题。特别值得一提的是,为了避免员工心存余悸而不敢举报管理人员的失职行为,企业特别设置了有偿举报机制。有偿举报机制实施后,对规范企业基层管理人员的行为以及营

造轻松工作氛围起了很大的作用。

例如，访谈人对 A 企业生产制造生管课王经理的访谈。

访谈人："咱们企业沟通方面做得还是比较好的，员工反映自己的领导，他比较会有顾忌，那咱们公司是怎么做的呢？"

A 企业生产制造生管课王经理："我们通过各种渠道搜集到的信息，都是匿名的，包括意见箱、E-mail、访谈、调查。这样员工心里不会有顾忌，比较容易讲出内心真实的想法，还有就是为了加强对基层管理人员特别是与员工接触比较多的班组长的监督，避免对员工恶言相向，企业特地实行凡是举报的员工都有小礼物或者是奖品。当然，员工向企业反映问题提出建议，也会有小礼物可以领。这样一种制度下来，员工他表达自己的想法的积极性就提高了，也不会说没有一个渠道去反映问题，造成问题的积压堆积，最后爆发。所以总的来说我们在积极倡导一种知心交谈的文化。"

(2) 企业及时了解员工思想动态，阻止个体抱怨的形成

企业通过及时了解员工思想动态，阻止组织中个体抱怨的形成。企业常用了解员工思想动态的方式是加强与他们的有效沟通，了解他们的深层需求。这样的做法不但可以提高员工工作绩效和满意度，降低企业中新生代员工的离职率，还可以进一步增强对员工的了解。

例如，对南京某企业制造部车间组长姚工的访谈。

访谈人："车间管理有没有遇到不听话的员工，是要大声吼吗？"

姚工："不是的，这个要根据个人的，我们做管理的，最

基本的要了解员工为什么不干活，了解他心里面是怎么想的，为什么会不听话。"

访谈人："那您怎么了解啊？"

姚工："经过对他的一个多方面的调查，通过员工自己旁边的同事去了解，他这段时间是怎么了，因为什么，是工资低了、加班多了，还是累了，可以跟他沟通，沟通非常有效，我们能做到的肯定要进行相应的调整。"

从姚工的访谈对话中可以看出，公司在了解员工思想动态上所采取的主要方式是跟员工沟通，通过沟通了解他们的所思所想，进而对他们不满意的地方进行有效的调整，该公司在这一方面做得还是比较不错的。

（3）工会及时与企业沟通，防止员工共同抱怨形成

在群体性劳资冲突中，工会扮演着重要的角色，有时候单靠企业了解员工的思想动态是不全面的，相比企业管理者来说，员工更信任工会的成员，更愿意将自己的心声透露给工会，此时工会成员必须做出及时的沟通和改善。倾听是通过不同的渠道，如工会通过定期召开会议、开通热线等方式来了解员工目前所存在的问题。沟通的方式有很多种类，工会必须根据不同的人群采用不同的沟通方式，比如按照职位不同进行沟通，按照不同年代选择不同的沟通工具等。改善是将倾听和沟通的结果落到实处，不能只是形式主义，实实在在地对员工的诉求及时做出反馈。根据调查显示，天津某咨询公司工会实施"三个一"后使得员工满意度大大提升，2016年全年度无一例境内、外员工劳资纠纷。

 群体性劳资冲突发展阶段协调机制的构建

根据第四章发展阶段群体性劳资冲突嬗变机理的理论模型构建群体性劳资冲突酝酿阶段的协调机制。根据群体性劳资冲突发展阶段协调机制构建的依据和群体性劳资冲突发展阶段的协调机制两部分,构建群体性劳资冲突发展阶段协调机制。主要从刺激因素、员工心理变化、行为决策因素和员工行为四部分研究群体性劳资冲突发展阶段的协调机制。

一、群体性劳资冲突发展阶段协调机制构建的依据

借助扎根理论的研究方法,对于群体性劳资冲突演化机理的分析,我们知道发展阶段是在员工诉求得不到解决的情况下,矛盾的进一步激化。根据"突变论"可知,在导火索、积极分子以及舆论的推波助澜等多种因素共同作用下将事件由酝酿阶段转到发展阶段。在发展阶段需要快速反应,及时控制事件发展。

本书根据天津、南京、重庆、无锡、六盘水等地区的企业管理者(车间主任、车间组长、财务总监、人力资源总监等)、工会人员(工会主席、组织委员、工会委员、劳动关系专员、安全委员等)和政府人员提到的对群体性劳资冲突发展阶段该

如何应对的经验，提出具体的解决措施。

二、群体性劳资冲突发展阶段的协调机制

根据第四章群体性劳资冲突发展阶段 F-SPDB 嬗变机理的理论模型发现，群体性劳资冲突发展阶段分为刺激因素、员工心理变化、行为决策因素和员工行为四个方面。根据刺激因素、员工心理变化、行为决策因素和员工行为构建群体性劳资冲突发展阶段 F-SPDB 协调机制。

1. 针对群体性劳资冲突发展阶段刺激因素的措施

刺激因素指影响群体性劳资冲突发生的因素。通过第五章的研究发现，在群体性劳资冲突发展阶段中，与刺激因素紧密相关的范畴主要有导火索、行动动员和舆论的推波助澜。本书针对导火索提出两个措施，分别为预警导火索事件和有效控制导火索事件，设法减少导火索事件的发生；针对行动动员提出两个措施：对关键人物进行心理疏导和说服教育积极分子；针对舆论的推波助澜提出四个措施：及时公开发布权威信息，制止谣言传播，减弱群体情绪传染和心理暗示；正确引导舆情的助燃效果；企业与政府、媒体以及业务合作商进行联系，防止舆论的反作用；注重舆论宣传，树立正确舆论导向。

（1）针对导火索的措施

导火索是推动事件发展的偶然事件，起着催化剂的作用。通过数据资料及分析过程来看，导火索包括"未按约定支付工资""拖欠社保""变相取消福利""工作环境差""过度加班""伙食太差""增加产量定额""解雇员工"和"管理者和员工激

烈冲突"。

本书根据天津等地区的企业管理者（生产制造部经理、车间组长等）提到的针对群体性劳资冲突事件导火索的经验，提出相对应的解决措施，具体的措施主要有两点：预警导火索事件和有效控制导火索事件，设法减少导火索事件的发生。在发展阶段，当社会燃点低于社会温度，且导火索事件产生时，群体性劳资冲突进入高潮阶段。导火索是从酝酿阶段到发展阶段的重要标志。

(2) 针对行动动员的措施

行动动员是指积极分子通过动员网络呼吁更多的人加入行动中来，增加事件发生的规模和发生的概率。通过数据资料及分析过程来看，"行动动员"包括"积极分子动员""发传单"和"动员通道"。

本书根据南京等地区的企业管理者（生产制造部经理、车间组长等）、政府部门人员提到的针对群体性劳资冲突行动动员的经验，提出相对应的解决措施，具体措施如下。

① 对关键人物进行心理疏导。

及时发现事件诱因、研究分析可能导致事态恶化的关键性人物或关键性因素，并据此采取相应措施。在必要时，决策部门还应该牵头，召集公安、心理、法律、经济等方面的专家，集思广益，制定平息事件和缓和矛盾的各种方案、对策。对群体性事件关键人物的心理教育和心理疏导工作，要着眼于在事态初始阶段甚至是初始阶段之前进行，并注意将其化解于当地与基层，如此才能防止群体性事件的群众心理情绪蔓延，防止事态持续扩大。

② 说服教育积极分子。

积极分子是发起和策划群体性事件的人员,他们处在核心层次,具有很大的影响力。对于这一类策划者与组织者必须采取说服教育。组织专门力量对积极分子、带头人开展教育工作。

(3) 针对舆论的推波助澜的措施

舆论的推波助澜指的是人们通过话语和人际交流来鼓动、助长事物的声势和发展,扩大影响。通过数据资料及分析过程来看,"舆论的推波助澜"包括"传单、纸条等传递""利用互联网、手机等公开表达诉求""媒体的采访"和"老乡群(QQ/微信)、论坛传递消息"。

本书根据南京、六盘水等地区的企业管理者、政府部门人员提到的解决群体性劳资冲突舆论的推波助澜的经验,提出相对应的解决措施,具体措施主要有以下三点。

① 及时公开发布权威信息,制止谣言传播,减弱群体情绪传染和心理暗示。

人民网舆情监测室提出了"黄金4小时"原则。将这一原则运用于群体性劳资冲突中是说政府或企业对危机的反应要迅速,应当学会应用新的互动工具,主动将真实的信息经由网络传递到最大范围,避免一些流言通过微博、QQ群、微信群以及论坛等在员工中间传播开来,将一些容易被非理性因素误导的员工聚集到群体性劳资冲突事件中去。

② 企业与政府、媒体以及业务合作商进行联系,注意舆论作用。

企业应第一时间向政府部门报告,因为这样可以让政府从中协调解决,维持场面秩序、避免损失。就媒体一方而言,可以分两种情况。如果媒体已经对群体性劳资冲突事件进行了报道,企业需要认真研究,看看报道是否属实,如果报道不实甚至影响企业的形象,应该尽快与媒体沟通,澄清事实真相,以免造成更大的损失。如果媒体还没有关于群体性劳资冲突的任何报道,但鉴于群体性劳资冲突事件能够刺激人们的好奇心理,容易成为民众谈论的热门话题和媒体跟踪报道的对象,因此企业在获得有关部门的许可以后可以采取先发制人的策略。通过媒体向社会公布群体性劳资冲突事件的真相,避免谣言四处流传。最后,要与企业业务合作商联系,如果说群体性劳资冲突的发生影响到了企业与业务合作商的业务合作,那企业应尽快告知业务合作商实际情况,另一方面,企业应尽量通过其他途径弥补合作商的业务损失,争取继续合作的可能。

③ 注重舆论宣传,树立正确舆论导向。

首先,密切关注各类媒体相关报道,及时发现和妥善处理相关舆情,防止扩散和恶意炒作。其次,把握正确舆论导向,统一对外宣传口径,主动公开、引导舆论。最后,加强劳动保障法律法规教育宣传,提高企业依法用工意识,引导企业和职工构建和谐劳动关系。

2. 针对群体性劳资冲突发展阶段员工心理变化的措施

员工心理变化是指因为刺激因素中的导火索、行动动员和舆论的推波助澜导致的员工个体和集体主观上不满的感受以及员工心理的变化情况。通过第五章的研究发现,在群体性劳资冲突发展阶段中，与员工心理变化紧密相关的范畴主要有两个：有意识的群体不满和群体愤怒。针对有意识的群体不满提出的措施有三个：充分发挥职工代表作用，全面倾听职工心声，阻止有意识群体不满的形成；转变企业劳动争议调解委员会职能，防止有意识群体不满情绪的聚集；工会评选关注度最高的员工意见，阻止有意识群体不满情绪的聚集。针对群体愤怒提出的措施有两个：企业应抓住员工心理因素，进行换位思考，阻止群体愤怒的形成；及时解决员工诉求，第三方适时介入，防止群体愤怒的聚集。

（1）针对有意识的群体不满的措施

有意识的群体不满是指对于任何事情群体共有的、被意识到的不满情绪的产生。通过数据资料及分析过程来看，"有意识的群体不满"这一二阶概念包括"集体变相怠工"和"集体放慢生产速度"。

本书根据天津等地区的企业管理者（生产制造部经理、车间组长等）提到的针对群体性劳资冲突事件有意识的群体不满的经验，提出相对应的解决措施，具体的措施主要有以下三点。

① 充分发挥职工代表作用，全面倾听职工心声，阻止有意识群体不满的形成。

工会充分发挥职工代表作用，全面倾听职工心声，将员工的诉求及时反映给企业，这对群体性劳资冲突的发生起到一定的抑制作用。例如，天津某公司工会的工作人员与公司行政部门人员每月开一次恳谈会，全面倾听职工的心声。工会通过建立代表书面提案制度、提案审议筛查制度和提案沟通协调机制来强化提案制度建设。

工会推行职工代表制度，让职工代表展开分组交流会。代表交流会计划为：

A. 每月每组召开一次一小时会议（利用工作时间半小时和休息时间半小时）。

B. 由每组的担当委员负责推动（主席、副主席、委员、代表参加）。

C. 每月交流会议设定固定的主题（安全、工资集体协商、生产等）。

D. 每月总结交流会的成果或提案在本月恳谈会提出。

E. 把每月恳谈会的主要议题及时反馈给代表及全员。

② 转变企业劳动争议调解委员会职能，防止有意识群体不满情绪的聚集。

通过劳动争议调解委员会处理劳动争议也是"柔性化"处理的一个方面，只有建立良好的基层劳动争议处理机制，才能使整个企业、组织正常运转。很多企业的劳动争议调解委员会早已成立，不过随着劳动者法律意识的增强，使得如今的劳动争议调解委员会成了企业职工的一个倾诉机构。具体表现为：职工若是有心中觉得不理解的、不顺心的事情，或者真是在工作过程中发生了劳动纠纷，都可以到劳动争议调解委员会进行倾诉，委员会工作人员也会尽其所能地帮助职工解决问题。当职工反映了自身的诉求后，委员会会先从正面了解具体情况，进行合理公正分析，得出结论。若是职工方面的问题，给职工做思想工作，若是管理人员的问题，也要先做好职工思想工作，使职工心情保持稳定，再找管理人员谈话，了解情况。进行核对以后，职工反映的问题若属实，奖惩并举，该处理管理人员的则依法处理；如果说职工所反映的问题不属实，经过调查核实以后，再做职工思想工作，积极沟通，使职工解除顾虑，认真反省。在目前的环境下，公司政策向职工倾斜，对违规的职工从轻发落。以"讲情理，从轻处理，教育手段"为主要手段替代"重典"。

例如，对Z集团办公室刘主任的访谈。

Z集团办公室刘主任谈道："做好职工思想工作，做出些实质性举措，比如说我们对职工的违章罚款方面，我们就已经做出了一些改变，应该算是曲线救国的道理。具体来说，原先我们对职工采用的办法是，只要违章，就绝不手软，现在变为以教育为主，经济为辅，也就是说通过教育让你认识到你不能违章，让他逐渐改变这个东西，不是一概地与经济挂钩，来扣你多少。"（Z集团座谈会）

③ 工会评选关注度最高的员工意见，阻止有意识群体不满情绪的聚集。

工会通过评选关注度最高的员工意见，这不仅可以让员工表达自己的不满，也可以阻止群体愤怒的形成，这对群体性劳资冲突的发生起到一定的抑制作用。例如，天津某公司工会通过评选2016年职工关注度最高的10项员工意见，通过职代会、职工代表的表决和职工代表个体意见，转化为全体职工的集体意志，彰显了意见的代表性，引起公司领导的重视。工会评选职工关注度最高的10项员工意见的具体做法如下。

A. 收集意见。在职代会召开前 30 天左右,发放给每位职工代表一张意见征集表。这张表格限定每个代表最多只能填写三项意见。

B. 书面提交。上述职工意见收集后,汇总、归纳,书面提交给公司领导。公司领导只需要了解,不需要回复。

C. 现场投票。在职代会上,每位职工代表得到一张选票,上面有归纳的全部职工意见。每位职工代表,在选票上选出自己最关注的 10 项员工意见,可以少选,不可多选。

D. 现场计票。在职代会现场,工作人员统计各项职工意见的得票,按得票数的多少排列出 1 至 10 名。

E. 现场揭晓。工会主席在职代会现场,揭晓评选结果。

F. 现场表态。公司总经理,在职代会上对揭晓的 10 项关注度最高员工意见表达公司的态度。

G. 定期追踪。针对评选出的 10 项员工意见,工会每三个月进行一次追踪。

H. 最终答复。公司书面对 10 项员工意见逐项进行了回复。其中,针对员工意见中关注度最高的"增加老员工休假"的要求,公司决定,对于工龄满 1 年的员工增加有薪休假 1 天,工龄满 10 年的员工增加有薪休假 2 天,工龄满 20 年的员工增加有薪休假 3 天。

(2) 针对群体愤怒的措施

群体愤怒是指在个体不满的基础上,由共同意识的传播而引起的群体认同。从数据资料及分析过程来看,"群体愤怒"这一二阶概念包括"企业辱虐管理""员工集体停工"和"员工打砸厂区内岗亭、商店、大门等"。

本书根据南京等地区的企业管理者、政府部门人员等提到的解决群体性劳资冲突群体愤怒的经验，提出相对应的解决措施，具体的措施如下：

企业应抓住员工心理因素，进行换位思考，阻止群体愤怒的形成。对于大规模群体性劳资冲突事件，企业所要做的任何事情都要围绕一个中心——"柔性化"，把"柔性化"工作做好，大部分问题都能随之解决。何谓"柔性化"，即从心理层面出发分析问题。当发生群体性劳资冲突的时候，适时把握时机对职工进行劝导，使其心情平复。理顺职工诉求，把真正有代表性的职工选出来，让其先进行发言。其实，从心理学的角度来看，多数职工都是属于跟着"混"，真正让大家都出来发表自己在哪方面有诉求是很难办到的。接着企业组织管理者再进行发言，这其中就体现了对职工充分的尊重。至于职工发言内容，不论有理无理，切忌立即反对，而是要按照法律法规、企业规章一条一条地给他们做解释，一切按"规矩"办，先解释能满足的、合理的那部分诉求，再解释剩下无理的要求。甚至其中有部分无理的要求，职工很重视，也可以适当地答应，从职工的心理层面去换位思考，做好职工的心理工作才能使类似的事件平稳地解决。此外，应及时解决员工诉求，第三方适时介入，防止群体愤怒的聚集。

3. 针对群体性劳资冲突发展阶段行为决策因素的措施

行为决策理论主要是指由于人自身的知识、想象力以及计算力的限制，在错综复杂的现实决策环境中，不能完全理性地思考问题，人的有限理性使其更倾向于运用直觉而非逻辑推理方法分析未来状况，而知觉的偏差总会影响人的准确判断。知觉上的偏差即决策者片面地看待问题，误将部分信息视为认知对象。通过第五章的研究发现在群体性劳资冲突发展阶段中，与行为决策因素紧密相关的范畴主要有两个：理性因素和非理性因素。

本书根据南京、重庆等地区的企业管理者、企业员工、政府部门人员等提到的解决群体性劳资冲突发展阶段行为决策因素的经验，提出相对应的解决措施，具体的措施主要有以下两点。

（1）隔离非理性人员（从众人员等）与核心人员，劝解说服群众

例如，对K集团法律事务部冉部长的访谈。

K集团法律事务部冉部长举例说："后来王院长亲自带队，和我们集团公司调解委员会的成员直接到煤化工去，亲自给这些职工做工作，首先在一个大会议室里面，我们发言的时候，有个带头的他马上就'走'，就开始起哄，就有人开始往外跑，后来出去过后，把他们分成小堆，每人负责二三十人，每人分开给他们做工作，最后再集中做工作，然后再把最主要的几个工作做通，其他的问题不大，王院长就把带头的拉着，跟他仔细地分析清楚，把这个利弊给他们分析清楚，就说你反映的是个什么事实，我一个问题一个问题地给你解决，如果就是说我解决不了，确实是损害了你们的利益，今天跟他拍板，王院长就跟他拍板，今天我就要求煤化工给你怎么样怎么样，他感觉

他有这个利益的倾向,也就是王院长让他相信,他是能够满足职工们的要求的,然后再逐步逐步地听他讲,一条一条地跟他解释,规定是怎样规定的,操作是怎样操作的,要像这样就行,要是一开始就是说你那个不对,全不对,马上就谈不拢了。首先就是你的几个诉求我都满足你,这是前提条件,然后我们再一个法律一个法律地来翻着这个条例来对照,如果说你这个有理,我们就支持你,如果说没理,法律是怎么规定的,是怎么要求的,我们肯定就只能按着法律来办。后来这个职工啊,我们给他把这个工作做了以后啊,他也觉得,'噢,对,这才是对的',之后就有60多个人就跟着他走了。"(K集团总部座谈会)

(2) 关注公共空间的群体心理变化,避免非理性的情绪和行为传染

当群体中少数人参与群体性劳资冲突事件时,会有一些外围人员开始跃跃欲试、企图参与其中,此时企业可对其头、面部身体特征等进行拍摄、录制,使其明白个人身份信息已被识别,同时也保存了证据。必要时可采取强制清场等举措,将从众人员与核心人员隔离,破坏劳资群体性事件的核心层次,减少核心人员的负面示范效应,避免更多人参与其中。

4. 针对群体性劳资冲突发展阶段员工行为的措施

员工行为指的是在群体性劳资冲突中,由于刺激因素、员工心理变化以及行为决策的影响而引起员工行为的变化。通过上述编码发现,与员工行为紧密相关的范畴主要有三个:"少数

人参加""多数人参加"和"群体共同行为"。

本书根据南京、重庆、无锡、苏州等地区的企业管理者、政府部门人员等提到的解决群体性劳资冲突发展阶段员工行为的经验,提出相对应的解决措施,具体的措施主要有以下两点。

(1) 成立工作小组,第一时间赶到现场,维持现场秩序

群体性劳资冲突之后,工作小组第一时间到达群体性劳资冲突地点,与员工直接对话,耐心倾听员工所提出的要求,以稳定群体性劳资冲突员工过激情绪和冲动心理。工作小组成员可以是从基层劳动行政部门中选出。如果涉及权利争议的,劳动部门按法律规定处理。如果涉及利益争议的,劳动部门应积极引导劳资双方集体协商,对劳方资方分别做工作,最后达到平衡。

(2) 加强员工的法律意识,减少群体共同行为的发生

加强员工的法律意识是解决群体性劳资冲突发展阶段员工行为的方法之一。员工理性不足首先表现为:参与群体性劳资冲突的部分员工往往情绪激动,甚至会有过激反应,以致不惜采取过激的言论和举动,如采取毁坏企业办公用品、燃烧草坪、阻塞交通等行为扰乱社会秩序,造成一定的社会影响,以此来发泄自己的不满情绪,并引起有关部门和领导的重视。其次,一些并不知道什么情况的员工有明显的从众心理,加入群体性劳资冲突的行动,同样做出不理智的行为,甚至煽风点火,造成群体性劳资冲突事件的升级扩大。还有一点,员工与企业之间出现劳资纠纷时,一些法治观念淡薄的员工就会抱着"法不责众"的心态,错误地认为群体性劳资冲突事件由于规

模比较大，造成的影响比较大，可以引起政府和企业的重视，给企业造成压力，能很快解决问题，这就使本来可以在正常程序下解决的劳动争议演化为群体性劳资冲突事件。虽然群体性劳资冲突对于员工来讲，是维护自己权益的一种手段，但是也不可避免地会造成国家和企业的损失。群体性劳资冲突最好以理性和平的方式解决。对于参与群体性劳资冲突的员工来讲，须保持理智，避免出现"过激行为"。

 群体性劳资冲突平息阶段协调机制的构建

根据第五章群体性劳资冲突平息阶段嬗变机理的理论模型构建群体性劳资冲突酝酿阶段的协调机制。本书根据群体性劳资冲突平息阶段协调机制构建的依据和群体性劳资冲突平息阶段的协调机制两部分研究群体性劳资冲突平息阶段协调机制的构建。从刺激因素、员工心理变化、行为决策因素和员工行为四部分研究群体性劳资冲突平息阶段的协调机制。

一、群体性劳资冲突平息阶段协调机制构建的依据

本书根据天津、南京、重庆、无锡、六盘水等地区的企业管理者（车间主任、车间组长、财务总监、人力资源总监等）、工会人员（工会主席、工会委员等）和政府部门人员提到的关

于群体性劳资冲突平息阶段的应对经验，提出具体的解决措施。

二、群体性劳资冲突平息阶段的协调机制

根据第五章群体性劳资冲突平息阶段 P-SPDB 嬗变机理的理论模型发现，群体性劳资冲突平息阶段分为刺激因素、员工心理变化、行为决策因素和员工行为四个方面。根据刺激因素、员工心理、行为决策和员工行为构建群体性劳资冲突发展阶段 P-SPDB 协调机制。

1. 针对群体性劳资冲突平息阶段刺激因素的措施

刺激因素指影响群体性劳资冲突发生的因素。通过第六章的研究发现在群体性劳资冲突发展阶段中，与刺激因素紧密相关的范畴主要有政府层面、企业层面和工会层面三个。针对政府层面提出四个措施，分别为通过培训提高政府领导者治理群体性劳资冲突的能力，注重平息危机；政府行动小组促进劳资双方集体协商，为集体协商提供必要的规则支持和政策解读；政府监督谈判协议的执行，避免流于形式；政府"柔性化"处理群体性事件。针对企业层面提出两个措施：实现调解队伍专业化和企业成立临时事件后续处理机构。针对工会层面提出四个措施：工会制定集体协商的策略，促进劳资双方的信息对称；工会促进集体协商的程序化、规范化、专业化；工会积极引导公众和媒体参与，加强社会监督；工会增强协商的实力。

（1）政府层面的措施

本书根据苏州、南京、六盘水等地区的政府部门人员提到

的群体性劳资冲突平息阶段政府层面的管理经验,提出相对应的解决措施,具体解决措施如下。

① 通过培训提高政府领导者治理群体性劳资冲突的能力,注重平息危机。

在对群体性突发事件的处置中,我们可以看到一些地方政府或者企业在应对突发的危机时仍存在着许多不足之处,像"重防控治理,轻善后处置",注重平息危机,在善后处理上落实不到位;缺乏对群众的关心,往往导致群体性突发事件的"复发";等等。因此,提高地方政府领导者治理群体性突发事件的能力,应不断加强培训,把握好培训的目标方向,不断提高领导者的舆论导向、驾驭全局、善后处置这三方面的能力。

② 政府行动小组促进劳资双方集体协商,为集体协商提供必要的规则支持和政策解读。

政府代表负责制定和宣布谈判的基本议程、规则和相关注意事项以及主持集体谈判会议。参与群体性事件的员工大多是车间的员工,学历比较低,也没有集体谈判经验,对国家政策、法律法规也不了解,特别是集体谈判所需要的各种材料,例如政府的最低工资指导线、企业经营状况、利润和财务报表、物价指数等,劳动者一方无从知晓。缺少了这些关键数据,集体谈判要价就失去了依据,再加上我国目前工会地位的缺失,劳方实力与资方相比明显不足,为了弥补劳资之间实力的差距,政府可以考虑从外部聘请法律、财务、谈判相关领域的专业人士协助劳方介入谈判。

③ 政府"柔性化"处理群体性事件。

吴清军、许晓军（2010）[①] 认为：从本质上来说群体性劳资冲突是一种劳资利益博弈。群体性劳动争议案件的处理，要依托于地方政府，无论是仲裁院还是法院，单独的一个机构推动有难度。

例如，对某县法院杨专委的访谈。

某县法院杨专委谈道："建立裁审信息沟通制度，仲裁机构与人民法院指定案件信息联络员，定期通报案件信息，特别是涉及10人以上的群体性案件、疑难案件、复杂案件或其他影响社会稳定因素的处理情况及时进行通报。"（六盘水市座谈会）

处理群体性事件，若劳动者情绪比较激动，应尽可能进行安抚，控制住劳动者激动的情绪，避免事件进一步升级。在形式上，既进行现场的沟通，也进行私下的沟通，充分了解劳动者的诉求，梳理他们最迫切想解决的问题，依据合理合法的准则，"找准病根治病痛"，努力协商解决。

（2）企业层面的措施

本书根据苏州、南京、六盘水等地区的企业管理者提到的群体性劳资冲突平息阶段企业层面的管理经验，提出相对应的解决措施，具体解决措施如下。

① 实现调解队伍专业化。

在公司设立调解委员会，在车间、班组成立调解小组，加

[①] 吴清军，许晓军.中国劳资群体性事件的性质与特征研究［J］.学术研究，2010（8）：59-65.

强公司及所属各单位的调解员配备。采用专家讲座、研讨会、网络培训等方式，培养调解能手和骨干。开展法律法规和企业规章制度的宣传教育活动，提高干部职工的维权意识。邀请企业的法律顾问、单位的法律顾问以及管理咨询公司顾问，提高干部职工的法律意识。通过编发专业性调解案例和调解技巧总结，帮助调解员学习法律知识、调解方法，进一步提高调解能力。

② 企业成立临时事件后续处理机构。

群体性事件发生以后，企业首先要尽快成立处理劳资群体性事件的临时机构，并配备相应的人力和物力。在临时机构人员的选择方面基于以下几点考虑：一线管理人员具有亲近一线员工的天然优势，搜集关于本次事件发生的原因，看事件的发生原因是薪酬、福利、工时、劳动强度、劳动环境等原因中哪一个或者哪一些，企业应当就近选择企业管理负责人，以实现对群体性事件发生原因的信息收集；选择了解企业这方面政策的管理者，以实现对参与人员进行公司政策的宣讲与解释，选择对这部分参与人员有影响力的管理者，以实现对参与人员的思想引导、说服教育。需要注意的是，群体性事件发生以后，企业不仅要与工人或工会周旋，企业内部各个部门包括后勤、生产、财务、人事等部门还要与政府、媒体、消费者、供应商、客户等外界对象加强沟通联系。

（3）工会层面的措施

本书根据天津、南京等地区的工会人员（工会主席、工会委员、安全委员等）提到的群体性劳资冲突平息阶段工会层面的管理经验,提出相对应的解决措施,具体解决措施如下。

① 工会制定集体协商的策略,促进劳资双方的信息对称。

就集体协商而言,工会争取在与企业的协商中就员工所关心的劳动报酬、工作时间、休息休假等事项达成协议。首先,明确协商的目标,要为员工争取到什么。其次,搜集各种数据作为依据,以便更好地跟企业协商。这种数据可以是企业财务报表、行业一般水平、政府法律规定的最低标准、员工生活成本、居民价格消费指数等。

② 工会促进集体协商的程序化、规范化、专业化。

集体协商的程序化和规范化是谈判成功的前提条件。为了增强集体协商的程序化、规范化、专业化程度,工会可以成立一个专门的小组负责集体谈判的组织和开展工作。

2. 针对群体性劳资冲突平息阶段员工心理变化的措施

员工心理变化是指因为刺激因素中的政府层面、企业层面和工会层面导致的员工个体和集体主观上不满的感受以及员工心理的变化情况。通过第五章的研究发现在群体性劳资冲突平息阶段中,与员工心理变化紧密相关的范畴主要有三个:风险预期、承受压力和个人需求满足。

本书根据天津、南京、六盘水等地区的企业管理者、政府部门人员等提到的群体性劳资冲突平息阶段员工心理的管理经验,提出相对应的解决措施,具体解决措施如下。

(1) 设置专业心理咨询师等人员,及时对利益受损群体进行心理疏导和心理干预

如果不能从根本上化解矛盾,从心理上疏导群体,仅靠强

制力量是无法深入解决问题的。

(2) 工会与企业通过沟通交流会满足员工需求

在群体性劳资冲突发生后,政府与企业通过沟通交流会满足员工的需求,这对平息群体性劳资冲突起到一定的积极作用。例如,天津某汽车座椅部件有限公司在解决群体性劳资冲突时,工会先了解员工的需求,其次是通过沟通交流会对员工的需求进行讨论,最后是寻找和提出相应的解决对策。交流会的准备阶段是小组进行课题确定和小组成员实地调查、讨论。在交流会上寻求更多的解决对策、经验并形成有效的方法,继而应用到工作中,满足企业员工的需求。

(3) 政府部门建设劳动争议法律援助工作站

对于员工反映比较多的关于企业薪资待遇差距大、员工待遇和企业利润不匹配、日常管理等方面的争议问题,政府首先应告知企业管理层,让企业管理层意识到员工的诉求并采取相应的措施,而不至于无法预见任何信息导致群体性事件的发生。其次,对员工进行法律援助,帮助其实现合理的诉求,不合理的诉求要对其进行劝说教育和引导,避免劳动冲突的扩大。

劳动争议法律援助工作站的主要职责是为来访者提供涉及劳动争议的法律咨询,对符合法律援助条例的案件进行初审,然后报送市司法局审批,由司法局指派相应的律师,为申请者提供法律援助,工作暂时执行律师值班制度,也就是说申请人可以在工作时间内根据需求到工作站进行法律咨询。工作站的成立给劳动者维权提供了便利,减少了劳动者的诉讼成本,也使得员工动员者能通过正确的途径解决问题。但是当下所建立的劳动争议法律援助工作站时间并不是很长，经验少，所以仍需进一步完善相关的制度及规范。

例如，对盘县法院杨专委的访谈。

盘县法院杨专委提道："建立法律援助制度，针对弱势群体文化程度不高的实际，由司法局指派法律事务所的工作人员到仲裁机构提供的办公场所工作，免费为申请人提供劳动保障法律法规咨询、政策咨询、撰写仲裁法律文书。申请人如需法律援助的为其提供法律援助，在撰写仲裁申请书时，仲裁机构要求主张的仲裁请求不能过于偏离相关劳动保障法律法规、政策规定的要求，以便在实际处理过程中尽量通过调解结案。"（六盘水市盘县劳动人事争议仲裁院座谈会）

3. 针对群体性劳资冲突平息阶段员工决策及行为的措施

行为决策理论主要是指由于人自身的知识、想象力以及计算力的限制，在错综复杂的现实决策环境中，不能完全理性地思考问题，人的有限理性使其更倾向于运用直觉而非逻辑推理方法分析未来状况，而知觉的偏差总会影响人的准确判断。知觉上的偏差即决策者片面地看待问题，误将部分信息视为认知对象。通过第五章的研究发现在群体性劳资冲突平息阶段中，与行为决策因素紧密相关的范畴主要有三个：相信政府妥善解决、对高层的信任和部分诉求得到满足。员工行为指的是在群体性劳资冲突中，由于刺激因素、员工心理变化以及行为决策的影响而引起员工行为的变化。通过上述编码发现，与员工行为紧密相关的范畴主要有两个："少数人复工"和"多数人复工"。

本书根据南京、六盘水等地区的企业管理者、政府部门人员等提到的群体性劳资冲突平息阶段员工行为决策及其行为的管理经验，提出相对应的解决措施，具体解决措施如下。

(1) 政府外聘法律、谈判相关领域的专业人士协助谈判

群体性劳资冲突参与的员工大多是车间的员工，学历比较低，也没有集体谈判经验，对国家政策、法律法规也不了解，特别是缺乏集体谈判所需要的各种材料；再加上我国目前工会地位的缺失，政府可以考虑从外部聘请法律、谈判相关领域的专业人士协助员工进行谈判。

(2) 尽量减少群体性劳资冲突事件造成的损失

在正式协商以前，要积极组织员工复工，以尽量减少群体性事件造成的损失。首先从参与事件的员工中选出员工代表，也可以是员工自愿担当代表。为避免参与员工有可能因为是事件带头者而被企业开除处分的心理而不愿意协商的状况，企业可以承诺对参与员工不予追究责任以消除员工的心理负担。协商过程中要尽量倾听员工的意见，营造良好的氛围，也要坚持适当让步的原则。坚持原则是指企业对于员工不合理或者超出底线的要求，做出答复，并给出充分说明。适当让步是指对于在企业的承受范围之内员工合理的要求，企业可以考虑答应员工的诉求，让员工尽快复工。对于员工提出的诉求，企业不仅要分析每一项要求是否合理，还要考虑公司的承受能力。对于企业不能接受的员工诉求，要向员工解释说明。

本章小结

本章从群体性劳资冲突酝酿阶段协调机制的构建、群体性劳资冲突发展阶段协调机制的构建和群体性劳资冲突平息阶段协调机制的构建三部分具体阐述了群体性劳资冲突协调机制的构建。本书按照事件的发展阶段提出相应的嬗变机理并根据相应的对策,按照酝酿阶段、发展阶段和平息阶段进行分析。本书从群体性劳资冲突酝酿阶段协调机制构建的依据和群体性劳资冲突酝酿阶段的协调机制两部分研究群体性劳资冲突酝酿阶段协调机制的构建,从刺激因素、员工心理变化和员工行为三部分具体阐述了群体性劳资冲突酝酿阶段的 B-SPB 协调机制。根据群体性劳资冲突发展阶段协调机制构建的依据和群体性劳资冲突发展阶段的协调机制两部分具体阐述了群体性劳资冲突发展阶段协调机制的构建,从刺激因素、员工心理变化、行为决策因素和员工行为四部分构建群体性劳资冲突发展阶段的 D-SPDB 协调机制。根据群体性劳资冲突平息阶段协调机制构建的依据和群体性劳资冲突平息阶段的协调机制两部分具体阐述了群体性劳资冲突平息阶段协调机制的构建,从刺激因素、员工心理变化、行为决策因素和员工行为四部分构建群体性劳资冲突平息阶段 F-SPDB 的协调机制。

第七章

结　语

第一节 研究结论

本书采取深度访谈和扎根理论的研究方法,借助质性分析软件 Nvivo11 Plus,对群体性劳资冲突事件的相关资料进行开放式编码、主轴编码和选择性编码。根据编码结果,构建了群体性劳资冲突酝酿阶段、发展阶段和平息阶段嬗变机理的理论模型。在厘清群体性劳资冲突嬗变机理的基础上,借鉴在苏州、无锡、六盘水等地调研的先进管理经验,构建了群体性劳资冲突不同阶段的协调机制。

研究更加深入和细化,详细分析了群体性劳资冲突每个阶段的嬗变机理与协调机制,主要结论如下。

一、创新性提出群体性劳资冲突酝酿阶段的 B-SPB 嬗变机理

运用扎根理论的研究方法,创新性提出群体性劳资冲突酝酿阶段的嬗变机理为 B-SPB 理论模型,该机理模型阐释为:在外部因素和内部因素的刺激下,受企业管理粗暴、工资待遇低等因素的影响,员工个体相对剥夺感上升,分散的员工个体不满上升为无意识的群体不满。随着员工之间非正式关系网络互动的加强,员工行为由个体分散的抱怨渐渐演变为初级无意识层面的共同抱怨。具体机理模型如图 7-1 所示。

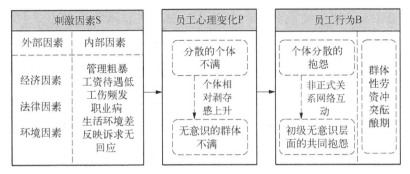

图 7-1 群体性劳资冲突酝酿阶段嬗变机理 B-SPB 模型图

二、创新性提出群体性劳资冲突发展阶段的 D-SPDB 嬗变机理

运用扎根理论的研究方法,创新性提出群体性劳资冲突发展阶段的嬗变机理为 D-SPDB 理论模型(见图 7-2)。

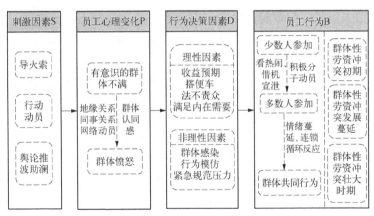

图 7-2 群体性劳资冲突发展阶段 D-SPDB 嬗变机理模型图

该机理模型阐释为:受导火索事件强烈情景刺激,在行动动

员和舆论的推波助澜下,少数员工参与到群体性劳资冲突中,其他员工基于看热闹等不同动机聚集,受到感染,形成群体认同感,员工心理由有意识的群体不满逐渐演变为群体愤怒,为争取利益和借机宣泄,出于法不责众和匿名心理,员工参与人数迅速增加。员工间相互影响、暗示和感染,在情绪蔓延和连锁循环反应中,形成情绪与行为的结构性传导,群体行为手段升级。

三、创新性提出群体性劳资冲突平息阶段的 F-SPDB 嬗变机理

运用扎根理论的研究方法,创新性提出群体性劳资冲突平息阶段的嬗变机理为 F-SPDB 理论模型。该机理模型阐释为:在政府层面、企业层面和工会层面刺激因素的作用下,员工受风险预期、承受压力、部分诉求得到满足等因素的影响,相信政府妥善解决,少数人复工,在政府、企业、工会等各方的劝说下,多数员工复工,群体性劳资冲突渐渐平息。具体机理模型如图 7-3 所示。

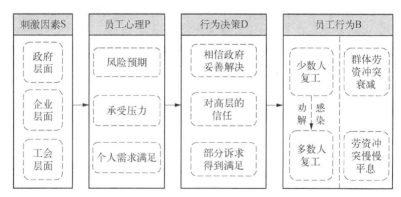

图 7-3 群体性劳资冲突平息阶段 F-SPDB 嬗变机理模型图

四、构建群体性劳资冲突酝酿、发展和平息三个阶段的协调机制

借鉴在苏州、无锡、六盘水等地调研的先进管理经验,构建了群体性劳资冲突三个阶段的协调机制。在厘清酝酿阶段嬗变机理的基础上,构建了群体性劳资冲突酝酿阶段的 B-SPB 协调机制;在厘清发展阶段嬗变机理的基础上,构建了群体性劳资冲突发展阶段的 D-SPDB 协调机制;在厘清平息阶段嬗变机理的基础上,构建了群体性劳资冲突平息阶段的 F-SPDB 协调机制。

第二节　理论贡献与实践启示

以扎根理论质性研究方法,创新性提出群体性劳资冲突酝酿阶段的 B-SPB 嬗变机理、发展阶段的 D-SPDB 嬗变机理和平息阶段的 F-SPDB 嬗变机理。在酝酿、发展和平息三个阶段嬗变机理模型基础上,借鉴六盘水、苏州等 12 个地区的先进管理经验,构建了群体性劳资冲突酝酿阶段 B-SPB 的协调机制、发展阶段 D-SPDB 的协调机制和平息阶段的 F-SPDB 协调机制。基于以上分析,本书具有以下理论贡献和实践启示。

一、理论贡献

本书的理论贡献为:揭示了群体性劳资冲突酝酿阶段 B-

SPB嬗变机理、发展阶段D-SPDB嬗变机理和平息阶段F-SPDB嬗变机理,拓展与完善群体性劳资冲突的理论体系。

针对以往静态分析的不足,本书遵循"刺激因素→员工心理变化→行为决策因素→员工行为"的理论逻辑,分阶段系统动态地构建了群体性劳资冲突嬗变机理的理论模型,分别是酝酿阶段的B-SPB模型、发展阶段的D-SPDB模型、平息阶段的F-SPDB模型。尽管已有部分文献关注了群体性劳资冲突是如何发生的,但是对内在机制缺乏系统性探讨,诸如白艳莉(2015)研究了"工人群体心理契约破坏感→心理契约违背感→集体行动"、陈国栋(2015)研究了资源动员理论视角下群体性劳资冲突的生成机制、胡楠(2016)研究了社会心理学视角下劳资博弈过程中群体性劳资冲突的动机模型,上述文献主要是从心理等角度进行研究,分阶段研究群体性劳资冲突嬗变机理缺乏探讨。针对以上分析的盲点,本书运用扎根理论的研究方法,遵循"刺激因素→员工心理变化→行为决策因素→员工行为"的理论逻辑揭示群体性劳资冲突各阶段的嬗变机理,系统地把四者联系起来进行探讨,这为研究群体性劳资冲突嬗变机理提供了一个新的解释视角,也为拓展与完善群体性劳资冲突的理论体系提供了依据。

二、实践启示

本书的实践启示为:构建了群体性劳资冲突酝酿阶段的B-SPB协调机制、发展阶段的D-SPDB协调机制和平息阶段的F-SPDB协调机制,为国内企业、政府以及工会有效应对群体性劳资冲突，提供了有力支持与借鉴。

第一，本书从刺激因素、员工心理变化和员工行为三方面探讨了群体性劳资冲突酝酿阶段的 B-SPB 协调机制。构建群体性劳资冲突酝酿阶段协调机制这一结论能够帮助企业、政府和工会更加全面地预控群体性劳资冲突的发生，为企业重视酝酿阶段员工心理变化和员工行为提供了实证依据。根据本书发现，群体性劳资冲突酝酿阶段的刺激因素、员工心理变化和员工行为对群体性劳资冲突的发生起到了重要的作用。因此，企业、政府以及工会应该关注酝酿阶段刺激因素、员工的心理变化和员工行为，从而向员工传递更多的正面信息，减少群体性劳资冲突的发生。

第二，本书从刺激因素、员工心理变化、行为决策因素和员工行为四方面探讨了群体性劳资冲突发展阶段的 D-SPDB 协调机制。构建群体性劳资冲突发展阶段协调机制这一结论能够帮助企业更加全面地控制群体性劳资冲突的进一步发展，为企业重视发展阶段员工心理变化、行为决策因素和员工行为提供了实证依据。根据本书发现，群体性劳资冲突发展阶段的刺激因素、员工心理变化、行为决策因素和员工行为对群体性劳资冲突的发展起到了重要的作用。因此，企业、政府以及工会应该关注发展阶段刺激因素、员工的心理变化、行为决策因素和员工行为，从而向员工传递更多的正面信息，控制群体性劳资冲突的进一步发展。

第三，本书从刺激因素、员工心理变化、行为决策因素和员工行为四方面探讨了群体性劳资冲突平息阶段的 F-SPDB 协调机制。构建群体性劳资冲突平息阶段协调机制这一结论能够帮助企业、政府和工会更加全面地平息群体性劳资冲突,为企业重视平息阶段员工心理、行为决策因素和员工行为提供实证依据。根据本书发现,群体性劳资冲突平息阶段的刺激因素、员工心理变化、行为决策和员工行为对平息群体性劳资冲突起到了重要的作用。因此,企业应该关注群体性劳资冲突平息阶段刺激因素、员工的心理变化、行为决策和员工行为,为平息群体性劳资冲突提供进一步的支持。

附录
部分访谈记录

构建协调机制时依据的部分访谈记录：

一、针对群体性劳资冲突酝酿阶段的部分访谈记录

（一）针对群体性劳资冲突酝酿阶段刺激因素的部分访谈记录

1. 企业重视营造良好的工作氛围的访谈记录

访谈人：公司的工作氛围是怎么样的呢？

总监：公司是非常重视工作氛围的，如果有一个好的工作氛围，心情会比较舒畅。我们公司的工作氛围相对来说比较简单，就是简简单单地做事，人和人之间也是简简单单的，相对来说，员工的心情也是比较舒畅的。

2. 企业建立内部刊物，使员工感受到参与感和企业的认可的访谈记录

访谈人：我们内部刊物名字是《和谐之家》，内容很活泼。

吴：很多员工还是很有才能的，给他们一些发挥的场所。他们认为被认可。

访谈人：这都是员工自己写的？

吴：都是自己写的，都有稿费。根据录取的字数，录取不录取都会有些奖励。挺有参与感。这个特别好。这个都是员工自己设计的。还有书法，形式还很多样。这个报纸是"期刊委员会"负责，是员工自己的民间组织。自己的员工组织起来的。他们生活中会有一些小小的惊喜，慢慢这种正能量会扩散。鱼头奖是给绩效卓越的团队，一个常规的奖励。

3. 企业建立客观公正的行为准则的访谈记录

访谈者：您好，梁经理，请问您是如何处理员工与员工之

间或者员工与组长之间的矛盾的呢?

生产部梁经理:人与人之间相处,矛盾肯定会有的。举个例子,比如员工常会跑到我面前说,某某组长说话的语气不对,或者排班不公平,这种情况都会有的。我们不要立刻下结论,这是谁谁的不对,而是要去了解,查清楚这个事到底是怎么样的,他反映的一些状况,事后处理下来你就会慢慢发现,90%多的矛盾问题,都是沟通不畅造成的。而沟通不畅有很多种状况,假如我是组长的话,员工在那边,可能员工出了一些问题,我讲了他没注意听,我讲了他没听懂,或者是我忘记讲了,基本上都是这几种状况,都是沟通问题。所以我会去找班组长沟通,肯定要,一定要,必须要。我相信,只要叫过来,什么情况一分析,你讲的什么,为什么会存在这种误解啊,大家一起问清楚,基本上没什么问题。我们不会因为某个员工不满组长,我们不查清楚就去训斥组长,也不会因为他是组长你是员工而偏袒组长,我们是对事不对人的,我们就事情本身去查清楚,解决矛盾。

访谈者:那车间工人直接去找你反映问题,你再找班组长来协调这个问题,那班组长会不会对找你反映问题的这个员工有些看法呢,认为他是个问题员工?

生产部梁经理:嗯,这个就跟公司的文化有关系,如果你的公司你的文化把它当作是问题员工的话,那他就是问题员工,但是公司文化欢迎他去做这种事情的话就不一样了。班组长也会找我投诉他的主管或者经理,我觉得如果大家都是一种行为方式,遵守游戏规则,就不会有这种情况。假如说,我过红绿灯，红灯要停下来，但是如果我就是没见过红绿灯，我就会直接过去，为什么？因为只要有一个规则在这里面，很明确，大家都按这个去做，就没问题，如果都不用红绿灯，就都不用，要用红绿灯就都用。我就觉得大家只要认同这种做法就好，不存在这种把他当作问题员工，穿小鞋之类的，我们就是对事不对人的。这就是我们员工的行为准则，这是很正常的行为。

访谈者：据我所知，公司比较注重人，也是比较人性化的，员工诉求也是比较能够及时得到快速解答，而且还可以立即去反映问题，那这个在实施的时候有很大的好处，而且咱们公司的员工是可以越级反映问题的，他们有问题就来找你，但上层的领导者每天都会有很多很重要的事情要处理，或者刚好你有个很紧急会议，而此时员工来找你反映问题，这种时候你怎么处理呢？

生产部梁经理：其实这并不冲突。举个例子，假如在咱们聊天时来电话，我就会接的。然后告诉你说，你好，我现在在忙，然后等一下我会亲自给你打电话等等。接电话会对我们的沟通可能有几秒钟的影响，但那边那个人可能也会觉得心里很舒服，他不会觉得自己受到不公平对待。还假如我说我在开会，员工过来找我，我可以说不要烦我，我现在开会很忙，这是一种方式；另外一种方式，我可以讲你先回到岗位上，我等一下，亲自到你的岗位上来找你。那么你回到岗位上去，工厂的经理亲自到你的岗位上来，向你了解情况，你会觉得很舒服，会认为自己得到尊重，你把他的事放在心上了。他过来找你，就一定有什么事找你帮助，你只要把这事认认真真地完成就好了,从尊重他这个角度去出发就好了。

访谈者:您经常到下面的公司去巡视、办公或者是处理事情?

生产部梁经理:我就在现场办公,他们有什么事情都可以找我。

访谈者:就是他们有什么问题基本上可以及时找到你?

生产部梁经理:随时找得到我,这就是一种"open door policy",门不要关,随时都可以进来,那你就要有这种文化氛围来支持,否则的话,员工冲到你的办公室,你说的是"open door policy",员工进来了,你把他当作是来找麻烦的,那这种就是你挂在嘴边的一种噱头。就是说公司的整个文化和理念就是很欢迎员工有什么问题来找自己的,态度上也很热情,事情上你尽量去帮他去解决,那要是每个人都这样的话,那有些事情就好解决了。

访谈者:您能详细地介绍一下企业的员工沟通大会么,这就是你上面所说的第二种调节劳动关系的方式么?

人力资源部HR:是的,此种员工沟通大会主要有两种形式。第一种就是正常的沟通大会,公司管理层高层在沟通会上进行答疑和回复,有一些问题现场不能答的,沟通会结束后分到各个职能部门,由各个职能的经理给予答复;第二种涉及工人的一些政策,尤其是跟他们切身利益相关的一些政策或者说是我们的一些流程,我们都会邀请员工代表开研讨大会,大家一起来群策群力,通过沟通协商的方式来解决问题。通过这种方式不仅会使员工得到公平、公正的对待,而且会让员工觉得他们被认可了,得到了充分的尊重。

访谈者:你们觉得群体性劳资冲突有哪些利弊呢?

车间员工:能涨工资,也有发生以后涨不了工资。不好的就是大家都学着停工。当时其他工厂事件对我们没有影响,因为领导答应我们的做到了。我们经常会跟领导开沟通会。大领导一年会沟通一两次,提得好的意见还会发小奖品。大老板是华侨。他害怕员工长时间压抑会爆发。一个公司就跟家庭一样,有些矛盾在心里总有一天会爆发的。

4. 用内部客户服务制度调节员工关系,满足员工内在需要的访谈记录

访谈者:员工关系一直都是企业最难处理的问题,也是最重要的问题,那么,在 S 企业是通过怎样的方式来调节员工关系的?

人力资源部 HR:内部客户服务(ASTAR)制度是我们处理员工关系的其中一种方式。我们会对每个部门进行 ASTAR 的调查,并通过对调查结果的分析,不断改善我们的内部客户服务质量。这些选项包括:

Attention——关注

Speed——速度

Trustworthiness——可靠

Accuracy——准确

Resourcefulness——有能力

通过各个部门之间的合作,让被服务部门给服务部门打分,用来了解各部门的工作情况,了解相关部门对本部门工作

的满意程度，并将分数与奖金挂钩，促进公司内各部门员工之间的团结合作。

5. 政府强化隐患排查和风险预警的访谈记录

某政府官员在访谈时谈道：总结经验，形成长效机制，一块是联动，银行、工商，金融危机的时候和用电、用水联动排查的，企业出现不稳定因素，这些机制还是要重新启动起来。梳理排查存在隐患的企业，要求各个市区排查，哪些企业存在经营困难，要让他尽量生存下去，帮助企业渡过难关，地方政府要有数。预警的体系是比较完善的，乡镇政府这几年对劳动纠纷的意识完全不一样了。一个企业一旦出现群体性纠纷，它的管理体制要整个调整，要让它的管理体制级级相应，非公企业里党组织的建设也基本上全面推开了。

工资支付方面尽快给出一个法规，通过法规来给市场运行过程中企业收入分配确定一个规范。全国很多地方按照自己特点做就会有好有不好，主要是上面没有要求，只能看自己。构建和谐劳动关系最主要的是要在制度上有一个顶层设计，有法可依，企业方面也会承认。地方法规各有各的做法，但效力不强。

三方委员会、工会能代表得了职工吗？国家工会是领导，企业工会是决策层，精英层。你不代表职工，那他们就会有领袖出来，现在职工无人代表，他们只能自己代表，这样会动摇根基，国家必须要有一个真正的能代表劳动者的工会。职工愿意找政府是个好的表现，如果他怨气没法疏导，反倒不是好事。制度设计监察和仲裁如何分工也很重要。如何让劳动者更方便地维护自己的权益。简单的事情更重要的靠监察，复杂的事更多地依靠仲裁。我们必须有畅通的渠道。

（二）针对群体性劳资冲突酝酿阶段员工心理变化的部分访谈记录

1. 企业建设"知心交谈"文化，化解个体不满的访谈记录

访谈人：那您刚才提到的知心交谈具体是怎样的？是谁和谁之间？

A企业管理部CSR成员韩小姐：知心交谈具体是指沟通，比如说员工和员工之间，还有员工和基层干部之间，基层干部和上级主管之间，上级主管和最高主管之间必须要有沟通。为了增加与员工的沟通，我们专门成立了员工关系小组，同属于企划科，归属于管理部。员工关系小组主要负责员工访谈和员工调查。员工访谈每周五都会做一个，了解一下员工近期的生活以及要反映的问题。然后，员工会讲出来，讲了之后，我们都会把这个信息收集起来，再汇报给对应的部门，然后再做相应的改善。还有就是员工调查，员工调查就是每月进行一次员工对改善措施的一个满意度调查。

2. 塑造快乐的工作环境，化解分散的个体不满的访谈记录

访谈者：你好，梁经理，公司在保护员工权益方面有哪些措施呢？

生产部梁经理：从根本上保护劳动者的合法权益，尤其是在车间安全和员工工作环境上：在车间安全上，在车间工作时必须戴安全帽和眼镜，必须戴耳塞；在车间环境上，由于车间温度较高，公司会对线上员工提供免费的饮料，会在屋顶上开

天窗以缓解员工的不适，创造良好的车间环境。保证合法经营，严格按照国家的法律制度，尽可能不开除员工，除非员工违反了公司规定的原则性的制度，比如说偷窃等，减少劳动者不必要的损失，保障劳动者合法权益。

访谈者：在 S 企业如果主动解除劳动合同，你们是怎么处理的呢？

人力资源部 HR：我们公司很少会主动和员工解除劳动合同的，除非他的这种行为肯定是大家不能够接受的，肯定是"雷区"。你只要发生了这样的情况，我肯定不会说再给你机会，那肯定是要开除的。就比如说偷窃、虚假信息，这些都是属于违法行为，所以这种情况我们不会有余地的，只能解除劳动合同。

访谈者：平常的时候公司都有举办什么活动让员工参加吗？您认为其中哪些比较满意呢？

车间员工：奖学金计划吧！上次北京市场督导的儿子和家用燃气一个同事的儿子就获得了 2012 年 S 企业全球奖学金。这个对我们很实用，我想着以后我儿子要是也能获得这个奖学金，我就很开心了，不仅能帮助家庭节省一点，也是个光彩的事嘛！

访谈者：你们三位有升职的想法吗？

车间员工：没有。往上升的压力很大，不想有这么多的烦恼。有一个人不想在流水线，想过要跳槽。流水线上太烦，除了本职工作还有许多其他别人的工作，有人不来我要顶替。不是老待在一个地方，轮岗的话必须得竞岗。有岗位缺人会公布所有的要求,你觉得合适的话就去考试面试。组长也是要顶岗的。人员满足的情况下组长不需要顶岗,但大多数是人员不满的,组长就相当于一个机动工。段长烦的比较多,人员、物料等等。

访谈者:对于员工培训方面,公司会经常安排员工培训么?

人力资源部HR:其实我们课堂式的培训还不算多,应该还就是属于比较正常的,说实在的,我个人觉得一线工人的培训是蛮少的,我们就是从安全、质量、岗位操作,还有就是公司的企业文化、公司的薪资福利、公司的政策,这些方方面面应该说比较基础的培训。但是对于一些技术工种我们培训比较多的,而且会定期举办技术交流大会,让大家交流心得。比如一台热水器从原材料进厂到成品入库需要多长时间,技术岗位的准入条件是什么,你们是如何开展岗位培训的,我想知道你们是如何开展企业文化建设的,员工业余时间有哪些活动,我想知道你们的太阳能热水器的热效率是多少,营员们的踊跃提问为成功互动交流打下了基础,而管理层的回答,赢得阵阵掌声,在这个交流平台,能够学习到很多东西。

访谈者:公司对于员工开展了哪些文化活动呢?

人力资源部HR:公司每年都会举办家庭活动日,例如把活动日的主题定义为"绿色环保游"。让孩子们在登高望远的同时,还能尽自己的一份努力为紫金山的环保做一份小小的贡献。家庭活动日,就是让员工的家人和孩子零距离接触到工作的地方,感受你在S企业的每一天。在你工作的座位上坐一坐,在你用餐的地方吃上一餐,在你工厂里走上一圈……S企业是一个幸福的大家庭,在工作之余,还让我们感受到了深深的温暖和关爱。每年的五一、十一都会举办劳动者竞赛,获得优异成绩的可以享受公司的旅游福利。

3. 塑造快乐的工作环境,化解分散的个体不满的访谈记录

水矿集团人力资源部邓部长举例说:公开透明公正是基础,真诚的沟通是手段和方法,然后依法是原则和底线。资源枯竭,决定关矿,涉及650多人,由矿上人力资源部具体执行和操作,最后定下来工作方案,先进行风险评估,对职工进行调研以后再修改工作方案,形成新的工作方案,时不时地和领导沟通,从法律层面确认没有什么后遗症了,在细化具体的措施以后,又进行了风险评估,接着就是告知、公示,先让职工有个消化的过程,然后再征求职工意见,合理地采纳,然后就到了实施阶段。让每一个职工参与这个事情,也充分地采纳他们的诉求,最后是很平稳地完成了。(水城矿业集团总部座谈会)

4. 企业建立"爱心妈妈"等机构对员工进行心理疏导,阻止无意识群体不满的形成的访谈记录

访谈人:您是怎样看待集体争议事件的呢?

A企业生产制造质保部陈经理:这个集体争议更可能是没有第一时间去做沟通,然后导致误会的不断升级,最后的话,矛盾更加恶化,所以我个人觉得还是平时多一些对员工的关心。像我们公司不是成立了工会嘛,额外的话还有一个"爱心妈妈"的组织,而且不止一个,分布在员工周围有很多个,那日常的话就是多关心一下他们的生活。了解一下他们在工作中

或者是生活当中,包括日常情绪的异常,那我们会跟他沟通,一方面如果是员工自己的困难,那么我们会去帮助他解决;另一方面,不可避免的是可能会有一些人有对公司的意见或者是投诉。那我觉得让他们有更多的渠道去倾诉,这样会比较好。那就是工会下面还有一个调解委员会也会定期地去做一些沟通,定期地跟员工展开知心沟通。如果发现有问题的话,员工有一个渠道去反映而不会激化到那种程度。然后的话,就是做一些协调的工作。

访谈人:关注员工心理,你对领班、主管的管理风格有何要求?

生产制造部王经理:情境领导。不同的人不同的管理风格,不同的员工的需求点不同。我也要求领班、主管情境领导。假设我的资深的主管,他肯定能力很强,我安排他做一些事情,我跟他沟通时,一般不会太多批评,他自己做错,他自己会意识到;但是我带了多年的员工,我就会严格批评,时间长了,不能让他翘尾巴。这个就是情境领导的要求,20世纪60年代就有人提出来了。有些人吃软,有些人吃硬的。

生产部吴经理:90后员工和70后员工的需求很不同。70后寄钱回家,现在的90后都奉行吃光用光,信息也更发达,他们懂得也更多。他们要求公司把他当人而不是机器,所以,我们搞了很多活动以增强员工的归属感。公司有规定制度,错了就处罚,好的就奖励,有这种奖惩机制。

访谈人:如何让员工感受到尊重呢?

生产部吴经理:对于主管领导,从小方面多交流、多关爱他们,而不只是指派工作,让他们感受到工作是有意义的。我们有考级,从进来2、3、4级,表现好的员工会升到技术员,提到领班、主管。现在的员工也都有自己的发展要求。他做了四五年,也有发展的需求。内部晋升通道也比较好,员工也可以转岗。

访谈人:主要是靠班组长观察来反映?

生产部吴经理:对管理层进行培训吧。他们自己也作为打工的人员,自己也有自己的情绪,怎么用正面的情绪而不是负面的情绪去影响员工。我们也听过一些公司有知心大姐,知心大姐自己也陷入了郁闷的情绪。那不是你放一个知心大姐的形式在那,知心大姐没有这个能力去管理好去引导好的话,也不用限制这个形式。

(三)针对群体性劳资冲突酝酿阶段员工行为的部分访谈记录

1. 建立员工有偿表达机制,鼓励员工表达各自的抱怨的访谈记录

访谈人:咱们企业沟通方面做得还是比较好的,员工反映自己的领导,他比较会有顾忌,那咱们公司是怎么做的呢?

企业生产制造生管课王经理:我们通过各种渠道搜集到的信息,都是匿名的,包括意见箱、E-mail、访谈、调查。这样员工心里不会有顾虑,比较容易讲出内心真实的想法,还有就是为了加强对基层管理人员特别是与员工接触比较多的班组长的监督,避免对员工恶言相向,企业特地实行凡是举报的员工都有小礼物或者是奖品。当然,员工向企业反映问题提出建

议，也会有小礼物可以领。这样一种制度下来，员工他表达自己的想法的积极性就提高了，也不会说没有一个渠道去反映问题，造成问题的积压堆积，最后爆发。所以总的来说我们在积极倡导一种知心交谈的文化。

2. 企业及时了解员工思想动态，阻止个体抱怨的形成的访谈记录

访谈人：车间管理有没有遇到不听话的员工，是要大声吼吗？

姚工：不是的，这个要根据个人的，我们做管理的，最基本的要了解员工为什么不干活，了解他心里面是怎么想的，为什么会不听话。

访谈人：那您怎么了解啊？

姚工：经过对他的一个多方面的调查，通过员工自己旁边的同事去了解，他这段时间是怎么了，因为什么，是工资低了、加班多了，还是累了，可以跟他沟通，沟通非常有效，我们能做到的肯定要进行相应的调整。

二、针对群体性劳资冲突发展阶段的部分访谈记录

1. 转变企业劳动争议调解委员会职能，防止有意识群体不满情绪的聚集的访谈记录

Z集团办公室刘主任谈道：做好职工思想工作，做出些实质性举措，比如说我们对职工的违章罚款方面，我们就已经做出了一些改变，应该算是曲线救国的道理。具体来说，原先我们对职工采用的办法是，只要违章，就绝不手软，现在变为以

教育为主，经济为辅，也就是说通过教育让你认识到你不能违章，让他逐渐改变这个东西，不是一概与经济挂钩，来扣你多少。（Z矿业集团座谈会）

2. 隔离非理性人员（从众人员等）与核心人员，劝解说服群众的访谈记录

水矿集团法律事务部冉部长举例说：180名职工不上班，后来我知道这个情况后，简单协调不成后，煤化工公司及时跟集团公司调解委员会进行了汇报，又向王院长汇报，后来王院长亲自带队，和我们集团公司调解委员会的成员直接到煤化工去，亲自给这些职工做工作，首先在一个大会议室里面，我们发言的时候，有个带头的他马上就"走"，就开始起哄，就有人开始往外跑，后来出去过后，把他们分成小堆，每人负责二三十人，每人分开给他们做工作最后再集中做工作，然后再把最主要的几个工作做通，其他的问题不大，王院长就把带头的拉着，跟他仔细地分析清楚，把这个利弊给他们分析清楚，就说你反映的是个什么事实，我一个问题一个问题地给你解决，如果就是说我解决不了，确实是损害了你们的利益，今天跟他拍板，王院长就跟他拍板，今天我就要求煤化工给你怎么样怎么样，他感觉他有这个利益的倾向，也就是王院长让他相信，他是能够满足职工们的要求的，然后再逐步逐步地听他讲，一条一条地跟他解释，规定是怎样规定的，操作是怎样操作的，要像这样就行，要是一开始就是说你那个不对，全不对，马上就谈不拢了。首先就是你的几个诉求我都满足你，这是前提条件，然后我们再一个法律一个法律地来翻着这个条例来对照，如果说你这个有理，我们

就支持你，如果说没理，法律是怎么规定的，是怎么要求的，我们肯定就只能按着法律来办。后来这个职工啊，我们给他把这个工作做了以后啊，他也觉得，"噢，对，这才是对的"，之后就有60多个人就跟着他走了。（水矿集团总部座谈会）

三、针对群体性劳资冲突平息阶段的部分访谈记录

1. 政府"柔性化"处理群体性事件的访谈记录

盘县法院杨专委谈道：建立裁审信息沟通制度，仲裁机构与人民法院指定案件信息联络员，定期通报案件信息，特别是涉及10人以上的群体性案件、疑难案件、复杂案件或其他影响社会稳定因素的处理情况及时进行通报。（六盘水市盘县劳动人事争议仲裁院座谈会）

2. 政府部门建设劳动争议法律援助工作站的访谈记录

盘县法院杨专委提道：建立法律援助制度，针对弱势群体文化程度不高的实际，由司法局指派法律事务所的工作人员到仲裁机构提供的办公场所工作，免费为申请人提供劳动保障法律法规咨询、政策咨询、撰写仲裁法律文书。申请人如需法律援助的为其提供法律援助，在撰写仲裁申请书时，仲裁机构要求主张的仲裁请求不能过于偏离相关劳动保障法律法规、政策规定的要求，以便在实际处理过程中尽量通过调解结案。（六盘水市盘县劳动人事争议仲裁院座谈会）

3. 政府外聘法律、谈判相关领域的专业人士协助谈判的访谈记录

例如，集体劳动关系主要通过集体协商为抓手，从省里到

市里都在推进,人社部门抓集体协商主要是导向性的。在推进的过程中,主要是抓宣传。三方委员会进行动员讲话。春季,企业行政方和工会方开展工资集体协商要约活动,形成了大的声势。最近几年,虽然工资集体协商基本上都是涨,但是工资集体协商不仅仅是涨工资,也有可能是不变和下降。给企业老板和职工都带来这样的一种理念。通过集体协商机制,劳资双方能够坐下来沟通,按双方的想法和需求交流。协商后产生共识,无论对职工维权还是企业发展都有好处。因此,集体协商是维护集体劳动关系和谐的重要平台。集体协商也抓典型,三方委员会共同负责培育,树立典型:国有、外资、民营,包括新型农村合作社都有典型,还有街道、社区为主的区域性集体协商。

主要参考文献

[1] 白淑英,崔静.从意义建构到共识达成——关于网络集体行动的一个解释模型[J].兰州大学学报(社会科学版),2014(2):10-16.

[2] 白艳莉.工人群体心理契约违背下的劳资冲突形成机制多案例研究[J].软科学,2015(1):82-86.

[3] 蔡禾.从"底线型"利益到"增长型"利益——农民工利益诉求的转变与劳资关系秩序[J].开放时代,2010(9):37-45.

[4] 常凯.劳动关系的集体化转型与政府劳工政策的完善[J].中国社会科学,2013(6):91-108,206.

[5] 常凯,郑东亮,乔健,等.专家谈:我国集体劳动争议的预防与规制[J].中国劳动,2012(6):5-12.

[6] 陈仁涛.我国非公有制企业劳资关系演进的历程考察及其启示[J].经济论坛,2013(8):164-170.

[7] 陈微波.基于劳资冲突治理视角的利益表达问题研究[J].求实,2013,(01):45-48.

[8] 陈伟光.资劳博弈下的工资集体协商可持续发展之路——基于广州汽车产业工资集体协商现状调查[J].中国工人,2014(2):10-14.

[9] 陈谊,吴江.我国非公有制企业劳资冲突的现状、根源与走向[J].甘肃社会科学,2003(5):66-68.

[10] 崔勋,吴海艳,李耀锋.从近代西方劳资关系研究视角的变迁看劳资冲突走向[J].中国人力资源开发,2010(5):80-84.

[11] 丁建安.劳工集体维权机制探析[J].当代法学,2011(4):124-131.

[12] 董保华,李干.依法治国须超越"维权"VS"维稳"——基于沃尔玛"常德事件"的考察[J].探索与争鸣,2015(1):45-51.

[13] 冯同庆.劳资关系理论考察——从对立到协调[J].江苏社会科学,2010(3):113-118.

[14] 高瑾.集体劳动争议调整机制之路径选择——劳资矛盾引发的群体性事件带来的法律思考[J].社会科学研究,2011(5):85-89.

[15] 高良谋,胡国栋.模块化生产网络中的劳资关系嬗变:层级分化与协同治理[J].中国工业经济,2012(10):96-108.

[16] 顾潮.劳资冲突中的政府角色与政府治理[J].唯实,2013(11):57-60.

[17] 韩志明.劳工权利的多元博弈及其困局[J].中国劳动关系学院学报,2012(5):17-20.

[18] 何勤.中外群体性劳资冲突研究综述[J].华北电力大学学报(社会科学版),2012(5):61-65.

[19] 胡磊.我国劳动争议案件发生率的特点与启示——基于1991—2011年面板数据的分析[J].武汉理工大学学报(社会科学版),2014(5):801-805.

[20] 胡楠.劳资博弈过程中集体行动的动机模型:建构与应用[J].中国人力资源开发,2016(3):95-101.

[21] 黄光亮,许红华.私营企业劳资冲突管理系统构建研究——基于价值增值理念的视角[J].经济与管理,2011(9):46-49.

[22] 黄岭峻,唐雪梅.农民工集体行动的中介机制研究——基于结构方程模型(SEM)的分析[J].湖北经济学院学报,2015(5):51-57.

[23] 黄岭峻,张文雯.从分散的个体不满到有组织的集体行动——农民工集体行动发生机制研究[J].华中科技大学学报(社会科学版),2015(6):127-135.

[24] 黄锐波."劳资冲突理论"的新发展:四个论域的文献综述——兼议当代中国劳资冲突研究在四个论域的对话[J].中国人力资源开发,2016(10):78-85.

[25] 金红梅.中国集体协商制度的反思与重构[J].延边大学学报(社会科学版),2012(3):120-126.

[26] 雷晓天,王若晶.从个别到集体:制度变迁视角下的中国劳工政策转型[J].湖北社会科学,2013(3):140-145.

[27] 李恩平,卞永峰.中小企业新生代农民工劳动关系预警组织架构研究[J].经济体制改革,2013(6):78-82.

[28] 李丽林,苗苗,胡梦洁,等.2004—2010年我国典型停工事件分析[J].中国人力资源开发,2011(3):80-83.

[29] 李琼英.农民工集体行动参与的代际差异性实证分析——基于珠三角的调查数据[J].学术界,2013(7):172-181,310-311.

[30] 李艳,曹芳.转型期新生代农民工劳资冲突行为演化路径及机理——基于演化经济学的视角[J].深圳大学学报(人文社会科学版),2015(1):85-93.

[31] 梁宏.生存还是发展,利益还是权利?——新生代农民工集体行动意愿的影响因素分析[J].中国农村观察,2013(1):48-58,92.

[32] 刘泰洪.劳资合作与冲突:利益博弈的分析视角[J].理论与改革,2010(4):83-85.

[33] 刘泰洪.我国劳动关系"集体谈判"的困境与完善[J].理论与改革,2011(2):93-95.

[34] 刘永新.论劳资冲突的理论根源及对策[J].经济纵横,2006(15):

37-39.

[35] 卢晖临,潘毅.当代中国第二代农民工的身份认同、情感与集体行动[J].社会,2014(4):1-24.

[36] 吕志科,徐婷.农民工群体性事件频发与劳资冲突解决策略——基于人力资源管理的角度[J].湖南工业大学学报(社会科学版),2012(3):47-50.

[37] 孟泉,陈尧.中国劳动关系集体化转型趋势下的产业行动治理策略研究[J].中国人力资源开发,2014(7):92-98.

[38] 乔健.劳动者群体性事件的发展和特点[J].中国改革,2010(7):18-21.

[39] 谭泓.转型期中国劳资关系的问题、困境与个性特征探讨[J].山东社会科学,2014(7):107-111.

[40] 汪华.乡土嵌入、工作嵌入与农民工集体行动意愿[J].广东社会科学,2015(2):194-203.

[41] 王道勇.农民工集体行动的社会合作因应——基于F公司郑州工厂事件的分析[J].东岳论丛,2015(2):14-20.

[42] 王君玲,田庆贺.劳动者参与企业群体性事件心理诱因分析[J].中国劳动,2014(8):34-36.

[43] 王君玲.中国集体谈判困境的博弈分析[J].黑龙江社会科学,2009(2):92-94.

[44] 王黎黎.统合协作:工资集体协商启动模式[J].天府新论,2015(4):109-116.

[45] 王琳,曹大友.基于时间维度的劳资冲突解决述评及展望[J].中国人力资源开发,2015(15):87-92.

[46] 王明亮.加工贸易企业劳资关系的困境及对策研究:以广东为例[J].华南理工大学学报(社会科学版),2013(3):8-14.

[47] 王起全,飞禹舟,任国友.职工群体性突发事件发生原因演化分析及对策研究[J].中国安全生产科学技术,2016(5):180-185.

[48] 王晴锋.农民工集体行动因素分析[J].中国农业大学学报(社会科学版),2010(2):51-62.

[49] 王庆芳,郭金兴.中国劳动争议的逆周期性研究[J].经济与管理研究,2015(6):67-75.

[50] 王茹洁.企业劳动争议处理的策略选择[D].西南政法大学,2014.

[51] 王若晶.劳资冲突与企业员工参与机制[J].中国人力资源开发,2013(21):94-98.

[52] 王若晶.政府主导的劳资争议介入模式——立足长三角经验的思考[J].中国工人,2013(3):11-13.

[53] 王兴华.高流动性对我国企业劳资冲突的影响——基于完全非完美信息动态博弈模型的分析[J].华东经济管理,2010(8):35-37.

[54] 王越乙.企业集体谈判制度的困境及其优化路径[J].管理世界,2014(10):182-183.

[55] 韦长伟.互补与协同:中国劳资冲突的多元化解[J].理论导刊,2011(4):31-34.

[56] 吴斌,吴荻菲.角色、战略与技术——工会在集体协商中的作用研究述评[J].中国人力资源开发,2016(13):98-104.

[57] 吴清军,许晓军.劳资群体性事件与工会利益均衡及表达机制的建立[J].当代世界与社会主义,2010(5):154-158.

[58] 吴清军,许晓军.中国劳资群体性事件的性质与特征研究[J].学术研究,2010(8):59-65,159.

[59] 席猛,赵曙明.劳动关系集体化转型中的经济困境与对策——以制造业为例[J].华东经济管理,2013(7):116-120.

[60] 席猛,赵曙明.劳资冲突研究述评:定义、前因及研究新视角[J].

管理学报，2014（3）：455-461.

[61] 熊新发，曹大友.劳动关系集体化转型的历史回顾与治理启示［J］.中国行政管理，2016（5）：125-128.

[62] 熊新发.劳动关系集体化转型趋势下的雇主策略重构［J］.社会科学辑刊，2016（1）：104-108.

[63] 徐世勇，Huang Xiaoyu，张丽华，等.中国工人罢工的四方层级解决机制：基于案例研究的一种新诠释［J］.管理世界，2014（4）：60-70，80，187.

[64] 许清清，张衔.劳资谈判博弈的演化路径与稳定策略［J］.统计与决策，2014（6）：55-58.

[65] 杨成湘，陈治亚.中国集体协商制度的实践困境与策略安排［J］.求索，2013（4）：206-208.

[66] 杨红英，徐跃明.员工嵌入的非正式网络对劳资冲突的影响研究［J］.西部论坛，2016（3）：94-101，108.

[67] 杨正喜，唐鸣.转型时期劳资冲突的政府治理［J］.中南民族大学学报（人文社会科学版），2008（2）：119-123.

[68] 叶鹏飞.劳资冲突的风险特征和管理问题分析［J］.电子科技大学学报（社科版），2011（4）：10-13.

[69] 游正林.不平则鸣：关于劳资冲突分析的文献综述［J］.学海，2005（4）：56-61.

[70] 袁凌，余悦，李健.基于信任修复的企业劳资冲突解决策略研究［J］.华东经济管理，2015（2）：158-163.

[71] 岳经纶.在维权与维稳之间：中国劳动关系的困境与出路［J］.探索与争鸣，2013（9）：47-52.

[72] 张荆.社会变迁中的我国群体性事件状况与国家治理研究［J］.中国人民公安大学学报（社会科学版），2014（4）：75-82.

[73] 张子源,赵曙明.试论产业关系与人力资源视角下的劳资冲突根源与解决途径[J].外国经济与管理,2008(10):32-38.

[74] 赵曙明,白晓明.企业劳资冲突的波及面差异:国际经验及启示[J].改革,2012(12):125-131.

[75] 周长城,陈群.集体谈判:建立合作型劳资关系的有效战略[J].社会科学研究,2004,(4):80-83.

[76] 周建国.不对称权力结构、非均衡契约与劳资冲突[J].广东社会科学,2011(1):201-208.

[77] 周建国.非均衡契约、劳资冲突及其治理[J].上海交通大学学报(哲学社会科学版),2011(1):5-12.

[78] 周琳.劳资博弈中的雇主策略——一个多层面的研究述评[J].中国人力资源开发,2016(17):101-108.

[79] 周晓光,王美艳.中国劳资冲突的现状、特征与解决措施——基于279个群体性事件的分析[J].学术研究,2015(4):72-77,160.

[80] 朱平利.新生代农民工劳资群体性事件研究述评[J].中国劳动关系学院学报,2014(6):10-13.

[81] Alexander A. Leadership and Collective Action in the Egyptian Trade Unions[J]. Work Employment and Society, 2010, 24(2): 241-259.

[82] Becker J. The Knowledge to Act: Chinese Migrant Labor Protests in Comparative Perspective[J]. Comparative Political Studies, 2012, 44(11): 1379-1404.

[83] Elfstrom M., Kuruvilla S. The Changing Nature of Labor Unrest in China[J]. Industrial and Labor Relations Review, 2014, 67(2): 453-480.

[84] Friedman E. Insurgency and Institutionalization: the Polanyian

Countermovement and Chinese Labor Politics [J]. Theory and Society, 2013, 42 (3): 295-327.

[85] Hauptmeier M. 'Employer and Worker Collective Action: a Comparative Study of Germany, South Africa, and the United States' [J]. ILR Review, 2015, 68 (4): 969-970, 204-221.

[86] Jalette P., Hebdon R. Unions and Privatization: Opening the "Black Box" [J]. Industrial and Labor Relations Review, 2012, 65 (1): 17-33.

[87] Jefferys S. Collective and Individual Conflicts in Five European Countries [J]. Employee Relations, 2011, 33 (6): 670-687.

[88] Kelly J. Conflict: Trends and Forms of Collective Action [J]. Employee Relations, 2015, 37 (6): 720-732.

[89] Kolsto P. Nationalism, Ethnic Conflict, and Job Competition: Non-Russian Collective Action in the USSR under Perestroika [J]. Nations and Nationalism, 2008, 14 (1), 151-169.

[90] Liu M., Li C. Environment Pressures, Managerial Industrial Relations Ideologies and Unionization in Chinese Enterprises [J]. British Journal of Industrial Relations, 2014, 52 (1): 82-111.

[91] Soderberg J. Determining Social Change: the Role of Technological Determinism in the Collective Action Framing of Hackers [J]. New Media & Society, 2013, 15 (8): 1277-1293.

后 记

本书是在国家社会科学基金项目成果（编号：13CGL071）的基础上进一步修改完成的。在本书即将完成之际，特向所有关心我、支持我的老师、领导、同事、朋友及家人致以最诚挚的谢意！

感谢中国人力资源和社会保障部及地方人力资源和社会保障厅对调研的支持！感谢中国人民大学、南京大学、首都经济贸易大学等高校的诸多教授给我的悉心指导和宝贵建议。感谢山东工商学院的领导、同事以及很多朋友还有许多素不相识的热心人士在本书调研和写作过程中的支持和大力帮助！

感谢国家社会科学基金项目（编号：13CGL071）、"山东省高等学校青年创新团队发展计划"的医养健康社会服务团队、山东工商学院劳动与社会保障专业（群）学术著作出版资助对本书的支持！

由于学术水平以及资料上的限制，书中难免有不当之处，敬请各位学者、同仁多提宝贵意见。对书中引用的研究成果和文献的作者表示真诚的谢意和崇高的敬意。在写作过程中我引用了大量国内外文献，虽然做了详细标注，但可能还有遗漏，敬请谅解并向有关作者表示感谢。

对支持本书出版的同事、朋友和复旦大学出版社的编辑们表示诚挚的谢意！

王君玲

山东工商学院

图书在版编目(CIP)数据

企业群体性劳资冲突的嬗变机理与协调机制研究/王君玲著.—上海：复旦大学出版社，2022.6
ISBN 978-7-309-15090-2

Ⅰ.①企… Ⅱ.①王… Ⅲ.①群体性—劳资纠纷—研究 Ⅳ.①F246

中国版本图书馆 CIP 数据核字(2020)第 096497 号

企业群体性劳资冲突的嬗变机理与协调机制研究
QIYE QUNTIXING LAOZICHONGTU DE SHANBIANJILI YU XIETIAOJIZHI YANJIU
王君玲 著
责任编辑/于 佳

复旦大学出版社有限公司出版发行
上海市国权路 579 号 邮编：200433
网址：fupnet@fudanpress.com http://www.fudanpress.com
门市零售：86-21-65102580 团体订购：86-21-65104505
出版部电话：86-21-65642845
江苏凤凰数码印务有限公司

开本 890×1240 1/32 印张 9.25 字数 192 千
2022 年 6 月第 1 版第 1 次印刷

ISBN 978-7-309-15090-2/F·2703
定价：68.00 元

如有印装质量问题，请向复旦大学出版社有限公司出版部调换。
版权所有 侵权必究